基础教育本质新论

查建华　于海洪 ◎ 著

西南交通大学出版社
·成都·

图书在版编目（CIP）数据

基础教育本质新论 / 查建华，于海洪著. 一成都：
西南交通大学出版社，2017.10
ISBN 978-7-5643-5807-5

Ⅰ.①基… Ⅱ.①查… ②于… Ⅲ.①基础教育－研究－中国 Ⅳ.①G639.2

中国版本图书馆 CIP 数据核字（2017）第 241094 号

基础教育本质新论

查建华　　著
于海洪

责任编辑　梁　红
助理编辑　罗俊亮
封面设计　严春艳

印张　10.5　字数　176千	出版发行　西南交通大学出版社
成品尺寸　165 mm×230 mm	网址　http://www.xnjdcbs.com
版次　2017年10月第1版	地址　四川省成都市二环路北一段111号 　　　西南交通大学创新大厦21楼
印次　2017年10月第1次	邮政编码　610031
印刷　成都中铁二局永经堂印务有限责任公司	发行部电话　028-87600564　028-87600533
书号　ISBN 978-7-5643-5807-5	定价　48.00元

图书如有印装质量问题　本社负责退换
版权所有　盗版必究　举报电话：028-87600562

前　言

2015年2月4日，为进一步规范涪陵区名师、名校长工作室管理，提高涪陵区教师队伍和教育管理队伍整体素质，加快培养优秀教育人才，根据《涪陵区建设重庆市区域性教育中心规划（2014—2020年）》（涪陵委发〔2014〕24号）、《重庆市中小学名师工作室管理办法（试行）》（渝教师〔2011〕36号）等文件精神，中共重庆市涪陵区委教育工作委员会印发了《涪陵区名师、名校长工作室管理办法（试行）》。管理办法规定，名师工作室是由同一学科领域骨干教师共同组成的，集教学、科研、培训等职能于一体的教师合作共同体。名校长工作室是由具备较高理论水平、先进办学思想和较强管理能力的优秀中青年校长共同组成的，能发挥示范、指导、辐射作用的校长合作共同体。名师、名校长工作室以名师、名校长姓名命名，实行任期制，3年为一个任期；每个名师、名校长工作室由名师、名校长担任的主持人1名和工作室学员若干名组成；名师、名校长工作室由区教委授牌，在名师、名校长所在单位专设工作室挂牌，并按有关规定开展工作。

管理办法还规定了名师、名校长工作室的任务与职责，名师、名校长工作室主持人的任务及职责。

名师、名校长工作室的任务与职责包括四个方面的内容。（1）培养优秀人才。工作室以研究教育教学（学校管理）为中心，以学员专业发展为根本，致力于共同成长、共同进步，促使学员成为学有专长、术有专攻的优秀人才。（2）开展专题研究。以工作室主持人专长为基础，以学员集体智慧为依托，针对工作实践中的重、难点问题进行专题研究，促进相应专业领域理论建设。

（3）开发教育资源。根据本工作室专业特点和研究目标，积极开发教育教学资源库，搭建研究平台，整合各类资源，推广研究成果，促进互动交流，实现资源共享。（4）推进事业发展。加强教育科学研究，将教科研成果以论文专著、讲座研讨、人才论坛等形式进行推广运用。及时把握教育发展新趋势，结合实际积极推动涪陵教育事业纵深发展。名师、名校长工作室主持人的任务及职责主要有三个方面的内容。（1）制订工作计划。根据工作室和学员的实际情况，制订工作室管理制度、工作方案等，并带领学员按各类方案计划扎实开展工作。（2）培养指导学员。针对每位学员的特长，制定学员成长计划，对学员实施全程指导，促进全体学员在任期内有较大发展和提高。（3）组织开展研究。帮助学员确定活动课题或研究方向，每两周组织开展固定主题活动，带领学员通过问题研究、专题讲座、课题带动、读书交流、观摩考察等形式开展课题研究，撰写专题研究报告，不断总结经验并加以推广。

中共重庆市涪陵区委教育工作委员会为了推进这项工作，专门出台了《涪陵区名师、名校长工作室考核细则（试行）》。在考核细则中明确了主持人要示范引领（权重占50%）以及如何引领，其中涉及五条规定：（1）教育科研，全年有 1 篇以上学校管理类论文在公开出版刊物上发表，或获省级论文评选等次奖，或出版专著 1 部；（2）活动开展，活动开展有特色亮点，全年组织集中培训研讨活动 4 次，开展校际交流互访 4 次；（3）示范作用，总结推广自身管理经验，全年内学员所在学校指导累计 5 次；（4）资源共享，共享本校优质资源，以先进理念引领学员所在学校进行特色发展；（5）学员管理，加强对学员的党风廉政教育和师德师风教育，促进室风的和谐融洽，完成学员的年度考评。

为了出色地办好查建华校长工作室，工作室聘请了长江师范学院教授于海洪为顾问，与学员们一起学习、讨论。

在查建华校长带领下，在于海洪教授的指导下，截至 2016 年 12 月 30 日，10 位校长学员共开展活动 16 次，承担课题 18 项，发表论文 14 篇（见附录），这些成果共同指向了基础教育的本质问题，特别是大数据时代、互联网+条件下的基础教育问题。查建华、于海洪围绕基础教育本质共同讨论商议，再将这些成果加工提炼，从而形成了本专著。

基础教育的本质是基础教育的根本规定性，是基础教育与其他教育类型的根本区别，是基础教育的规律性反映。基础教育的根本规定性表现在它是为培养合格公民打基础的教育，不是直接培养政治上、管理上接班人的教育；它是为培养合格劳动者打基础的教育，不是直接培养消费者、享受者的教育；它是为培养专门人才打基础的教育，不是直接培养专门人才的教育；它是帮助学生认识世界的教育，不是要求学生直接去改造世界的教育；它是促进学生全面发展的教育，不是限制学生的片面发展的教育；它是公平的普及性教育，不是选择性的等级性教育；它是强迫性、义务性、公益性教育，不是产业性的收费性教育；它是关注生命价值与意义提升的教育，不是漠视生命的工具性教育。但基础教育在发展过程中存在着严重违背基础教育根本规定性的现象，这些现象已对基础教育的进一步健康发展产生了负面影响。因此，揭示基础教育的本质，把握基础教育的规律，无论在理论上，还是在实践上，都具有重要意义。

本书选择了五个视角来探索基础教育的本质问题，并附以相关实践成果。

由于研究水平有限，调查研究也不够广泛，部分成果实践周期不长，因此不足和错误在所难免，请广大读者批评指正。

编　者
2016 年 3 月

目 录

第一章 教育本质视角下的基础教育本质 / 001
  一、什么是教育的本质 / 001
  二、基础教育的本质就是基础性 / 003
  三、科学理解"基础性"是确保基础性的前提 / 006

第二章 "全球共同利益"视角下的基础教育本质 / 045
  一、联合国教科文组织三个报告解读 / 045
  二、基础教育本质问题的国内外分析 / 049
  三、基础教育本质的人文性与科学性 / 052

第三章 教育价值与功能视角下的基础教育本质 / 083
  一、教育的价值与功能 / 083
  二、基础教育本质应该包含文化性和时代性 / 088
  三、大数据时代下的基础教育 / 089

第四章 核心素养视角下的基础教育本质 / 105
  一、核心素养的内涵 / 105
  二、核心素养的培养：基础教育的逻辑起点 / 106
  三、基础教育的本质是培养学生的科学认知 / 110

第五章 教育公平视角下的基础教育本质 / 126

　　一、教育公平的概念及分析 / 126

　　二、乡村教育问题是教育公平的核心问题 / 129

　　三、乡村教育公平的演变 / 131

　　四、实现乡村教育功能是基础教育本质的内在要求 / 133

参考文献 / 148

附录：涪陵区名师、名校长工作室年度工作情况统计表 / 157

第一章 教育本质视角下的基础教育本质

"教育是什么"一直是人们关注和争论的话题，从"上层建筑说"到"生产力说"，再到培养人的"社会实践说"，并且教育产业化、教育民主与公平等问题又为其增添了新的内容，乃至出现百家争鸣之势。

一、什么是教育的本质

关于教育本质问题的讨论，其范围和内容都十分广泛。翻开中外教育史，对教育所下的定义超过千条，中外的教育家、思想家都有自己的"语录"。《大学》有言，大学之道，在明德，在亲民，在止于至善；鲁迅说，教育是要立人；蔡元培说，教育是帮助被教育的人给他能发展自己的能力，完成他的人格，于人类文化上能尽一份责任，不是把被教育的人造成一种特别器具；陶行知认为教育是依据生活、为了生活的"生活教育"，培养有行动能力、思考能力和创造力的人；马克思、恩格斯认为教育是促进个人的独创的自由发展；康德认为教育是由个体自我设计、自我选择、自我构建、自我评价的过程，是自我能力的发展，它体现着社会意志和教育者与受教育者平等自由地、审慎严肃地共同探究的机理，不是"指令"，不是"替代"，更不是让茧中的幼蝶曲意迎合或违心屈从；爱因斯坦说，什么是教育，就是忘记学校所学东西后剩下的；蒙台梭利说，教育就是激发生命，充实生命，协助孩子们用自己的力量生存下去，并帮助他们发展这种精神；亚米契斯说，教育是爱的教育；雅斯贝尔斯认为，所谓教育，不过是人对人的主体间灵肉交流活动，包括知识内容的传授、生命内涵的领悟、意志行为的规范、并通过文化传递功能，将文化遗产交给年轻一代，使他们自由地生成，并启迪其自由天性，教育的原则是通过现存世界的全部文化导向人的灵魂觉醒之本源和根基，而不是导向由原初派生出来的东西和平庸的知识，真正的教育绝不容许死记硬背，也从不奢望每个人都成为有真知灼见、深谋远虑的思想家。但是，在我国，流传了几千年的"学而优则仕"的文化思想,导致了教育的功利化倾向严重。在长期的革命中,强化了用"社会需要论"进行教育的思想,而且突出了"教育是阶级斗争工具"的社会职能,以至在"左"的思想指导下,这一教育思想走向扩大化,直至扭曲,"文化大革命"中的表现是最具代表性的。党的十一届三中全会端正了党的政治和思想路线,确定了党和国家工作重点从阶级斗争转移到经济建设上来。在教育战线上,1978年开展的教育本质问题的大讨论,实质上是把教育从作为阶级斗争工具的"左"的理解中解放出来,对传统的"教育是上层建筑"的说法进行了反思,提出了教育是生产力说,是培养人的社会实践说,是特殊范畴说等新观点。关于教育本质的研究方兴未艾,观点也层出不穷,现择其要者简而述之。

教育是上层建筑。① 教育是通过培养人来达到为政治、经济服务的目的。② 教育与生产关系的联系是直接的、无条件的。生产力对教育的影响是以生产关系为中介的。③ 教育总是存在于一定社会的,是随着社会历史条件的变化而变化的,教育是一个历史范畴,随着社会经济结构的变迁,教育的性质也发生变化。因此,历史性、阶级性是教育的根本社会属性。

教育是生产力。① 教育劳动是生产劳动。② 教育具有传递生产劳动经验的职能。③ 教育实现了劳动力的再生产,它把一个潜在的劳动力变成一个直接的劳动力。④ 教育投资是一种生产性投资。⑤ 教育与生产力有着直接的联系,为生产力所决定。

教育具有上层建筑和生产力的双重属性。教育受生产力和生产关系制约,从来就有两种社会职能:一种是传授一定生产所要求的社会思想意识,具有明显的阶级性;另一种是传授与一定生产力发展水平相适用的劳动经验和生产知识,为发展生产力服务。教育一部分属于上层建筑,一部分不属于上层建筑,但整体说来,不能说教育就是上层建筑;教育一部分属于上层建筑,一部分属于生产力,但主要属于上层建筑;教育既属于上层建筑,又属于生产力。

教育是一种综合性的社会实践活动。教育是通过培养人才来为社会服务的。教育的专门特点决定了它同社会生活的各个方面都有联系。既同生产力的发展有关,也同生产关系有关;既同经济基础相联系,也同政治、法律、道德等上层建筑相联系。教育的本质是其社会性、生产性、阶级性、艺术性、社会实践性等各方面的统一。它是一种综合性的社会实践活动。

教育是培养人的社会活动。该观点认为不能把教育看作观念形态,唯物主义的观念形态是第二性的,而教育是由教育对象和教育内容所组成的一种社会实践活动,与教育思想、教育观点是两码事。教育的本质是培养人的社会实践活动,是教育者有目的有意识地对受教育者施予影响和利用，促使其发展的专门培养人的社会实践活动。

教育是促进个体社会化的过程。该观点既同意把教育看作是培养人的过程，但又对这一学说不太满意，认为其只是对教育现象的描述，是同义语的反复，而不是对教育内涵的揭示和阐明。有鉴于此，提出"社会化说"，这个过程的规定性就是：教育者以一定的外在的教育内容向受教育者主体的转化，实现人类文化的传递，促使和限定个体身心发展，促使个体社会化。这一学说成立的依据是：它揭示了教育的内部矛盾——社会要求和个体心理发展水平的对立统一；揭示了人与社会的关系及其教育的作用。

说到教育本质的讨论，还要追溯一下。关于教育的本质问题，在"改革开放"的推动下，教育界于1978年开展了有益的大讨论，一定程度上推进了思想解放。现就讨论中提出的主要问题，作些简略介绍。通过对这些问题的介绍，能够看出教育本质的一些核心问题，现在看来当时的讨论缺乏"跨界"思维，是从单一因素出发的，下面我们就当时讨论的情况加以证明。

教育是上层建筑说。该学说是当时讨论的核心问题。这一学说主要是把教育视为社会意识形态之一，进而强调教育的政治功能，并具体化为"教育是阶级斗争的工具"。这里涉及对社会上层建筑作何理解的问题，马克思主义在论述社会上层建筑时，并未把教育列入其中；社会上层建筑是否都具有阶级性，也是一个有待商榷的问题。因而由此可引申出"教育是阶级斗争的工具"并非是马克思主义的观点。这次有关教育是否是上层建筑的讨论，对否定仍然坚持教育是阶级斗争的工具的观点，起到了积极作用。

教育是生产力说。该学说是针对教育是上层建筑说而提出来的，其理论根据是马克思主义教育与生产劳动相结合的论述。它与我国所提出的"教育必须与生产劳动相结合"的教育方针和"培养有社会主义觉悟的有文化的劳动者"的培养目标相吻合。这种观点在当时是比较新颖的，但没有达成共识。

教育是培养人的社会实践说。该学说突出教育的育人功能，是对教育本质认识的一大进展。因此，我们认为，教育的本质至少是以上三个学说的整合。

二、基础教育的本质就是基础性

不论什么是教育，教育的本质是什么，教育始终离不开人和社会两大主题，教育、人和社会构成了复杂的三角关系。分析与解读这组复杂关系，对于认识教育本质是十分重要的，教育是造就人的社会活动；教育既是社会生活的永恒的和普遍范畴，又是历史的范畴；教育作为一种社会活动，是极普通的，又是极复杂的。离开了社会谈人是没有意义的，离开了人谈社会也是行不通的。

  李镇西先生在中国教育三十人论坛发表了《"素质教育"是"伪命题"吗？——与罗崇敏先生商榷》一文。他在文章中指出：开篇第一段的第一句话，罗崇敏先生就犯了一个逻辑错误——混淆了"命题"和"概念"的区别。从逻辑上讲，所谓"命题"应该是一个表判断陈述的句子，比如："人是动物"或"人能够制造和使用工具"。所谓"概念"是指反映事物的本质属性的思维形式——这样说有点抽象，我们就通俗地说，概念其实就是把我们所感知的事物的共同本质特点抽象出来，加以概括，这是一种思维形式，而体现在语言上，便是一个名词或词组，比如"人"或"中国人"。所以，词典上这样解释道："概念是人类对一个复杂的过程或事物的理解。从哲学的观念来说，概念是思维的基本单位。在日常用语中，人们往往将概念与一个词或一个名词同等对待。"由此可见，无论"素质教育"还是"应试教育"，都是"概念"，而不是"命题"。如果崇敏先生认为这两个概念不真实，可以说它们是"伪概念"，却不能说是"伪命题"。

  从"概念"和"逻辑推理"这个意义上说，我们必须首先搞清楚什么是基础教育。

  基础教育在国民教育制度中属于启蒙和奠基阶段，具有非常重要的作用和地位。关于基础教育，由顾明远担任主编、国内权威的《教育大辞典》定义为，"亦称为'国民基础教育'，是对国民实施基本文化知识的教育，是提高公民的基本素质的教育。也是为继续升学或就业培训打好基础的教育"[①]。基础教育属于相对于职业教育和成人教育而言的普通教育。在普通教育里，相对于高等教育的称为基础教育。在我国，基础教育的主体是九年义务教育，还包括幼儿教育（学前教育）和高中教育。

  我国基础教育的本质属性是：民族文化（民族精神）和科技文化（科学精神）的教育化、普及化、人格化。这个界定可从三个方面来解读。第一，其基本定性是"文化的教育化"，是对"教育是培养人的社会活动"这一教育的共同属性的认同。无论民族文化还是科技文化，都是人类掌握世界的独特方式，是人类文明进步的动力来源和根本途径，是人类历史遗传与自身发展的载体。因而文化的教

---

① 顾明远. 教育大辞典[M]. 上海：上海教育出版社，1998：627.

化，即我们所说的教育的共同属性。第二，其基本定向是"教育的普及化"，是对基础教育的社会任务作出的特有规定。这一教育属性是基础教育区别于高等教育、职业教育、成人教育等其他教育的特有属性。第三，其基本定位是在"民族文化与科技文化的教育化、普及化"基础上的"人格化"。即基础教育在"做人"上为学生打基础，使学生个体向着全面发展、身心和谐发展、个性特长充分发展的方向努力，成为有健全人格的主体。①

从这个定义看，基础教育有这样的特征：基础教育最显著的特点是它的"基础"二字。"基础教育的重要性，关键是'基础'二字。所谓'基础'包含三层意义：第一，基础教育要为提高国民素质打下良好的基础；第二，基础教育要为每个人的终身发展打下良好的基础；第三，基础教育是整个国民教育体系的基础……基础教育的性质和任务决定了基础教育必须为受教育者打下坚实的思想、知识、能力、体质基础。同时，基础教育对人的素质的培养具有不定向、非专门、重潜力的特点。在知识方面不定向，在智力方面不专门化，具有广泛的适应性；在发展方面注重鼓励和涵养学生的潜力，使学生走上社会或升入高一级学校，具有较多的可选择性"。②从这些论述可以看出，基础教育是最低限度的成套教育，基础教育的内容绝不是一套死板的课程，它是灵活的，适应特定文化环境的，基础教育并不只是在学校里获得，获得教育并不受年龄和地点的限制。根据目前的理解，基础教育是以各方面都具有极大的灵活性为特征的，"应当把它正确地看做全面的终身教育制度的最初组成部分"。③"在基础教育发展中要尽量避免仅依据规律之理来设计教育发展易形成的学究主义倾向，或追求理论文本繁荣而教育实践却问题丛生的局面；要避免仅依据价值之理来设计教育发展易形成的理想主义倾向，尽可能少的出现人们众多的教育价值诉求流于空想，无法实现的现实；要避免仅依据现实之理来设计教育发展易形成的经验主义倾向，使教育发展落入孤立、僵化、守旧的困境中"。④基础教育是打基础的教育，对人的终身发展至关重要，事关每个学生的成长成才，正确的改革发展方向十分重要。

---

① 陈敬朴. 论基础教育的本质. 基础教育研究[J]. 1997（04）：08.
② 许邦兴，丁茂华. "成人"抑或"成才"——基础教育培养目标的价值取向[J]. 西北师大学报（社会科学版）2012（6）：108-112.（1）.
③ 查尔斯·赫梅尔. 今日的教育为了明日的世界[M]. 王静，译. 北京：中国对外翻译出版公司. 1983：130-132.
④ 杨清溪，柳海民. 合理发展：基础教育发展的新路径[J]. 东北师大学报（哲学社会科学版），2017（02）：130-135.

三、科学理解"基础性"是确保基础性的前提

坚持正确的教育改革发展方向,就是要坚持党的教育方针,把社会主义核心价值观渗透到中小学教育教学的各个方面,既教书又育人,真正做到德育为先、育人为本。"遵循教育规律和儿童身心发展规律,促进儿童青少年健康和谐发展"①,要根据基础教育在人的终身发展中的地位和作用以及儿童身心发展规律,正确认识教育的本质,科学确定基础教育的目的和任务。应该更加关注儿童的发展,特别要重视儿童的世界观、价值观、语言发展、身心健康、沟通表达、团结合作以及好奇心、想象力、求知欲、责任心等的培养,并将这些作为基础教育的重要目标,通过综合改革确保这些目标成为学校的主要任务,成为社会和家长评价学校好坏的主要依据。不管我们置身何种时代,基础教育都不能忘掉基础的本性,即基础教育的根本指向是培养人,培养健全的青少年儿童,而不是培养专才,哪怕是创造型的专才——尽管我们同样需要鼓励青少年儿童创造力的发挥,我们的根本任务并不是创造力的开发,而是首先让他们成为健全的富于创造个性的人。与世界其他国家相比,我国基础教育质量相对较高。但我们还必须看到,我国基础教育过于注重知识传授,忽视思维能力和兴趣的培养,忽视体魄的健康和人格的健全。端坐静听、死记硬背、题海战术、分数第一等还没有从根本上转变,学生的认知发展、兴趣爱好、身体素质、心理健康、创新精神、动手能力和社会责任感等未受到应有的重视。要进一步转变教育观念,树立新的人才观、质量观和学生观。②当前全球发展已进入创新驱动的新阶段,基础教育必须适应新形势,要充分认识到教育要以促进学生发展,特别是学生的身心健康发展为核心,不是为了分数和升学率,不可本末倒置。③

这个问题,是迫在眉睫的老问题了。1977 年,联合国教科文组织在肯尼亚首都内罗毕召开高级教育计划官员讨论会,对基础教育进行了广泛而深入的讨论,指出"基础教育是向每个人提供并为一切人所共有的最低限度的知识、观点、社会准则和经验"的教育。1990 年的世界全民教育大会中又一次明确基础教育的定位,认为基础教育的"基础"体现为基础知识、基础经验、基本学习需要。《教育大辞典》认为,基础教育是对国民实施基本的普通文化知识的教育,是培养公民

---

① 刘铁芳. 爱与丰富: 重新认识基础教育的两个基本维度[J]. 教育研究, 2017 (07): 52-60.
② 顾明远. 中国教育路在何方: 教育漫谈[J]. 中国教育科学, 2014 (3): 3-69.
③ 王嘉毅. 我国基础教育改革与发展的主要任务及其战略应对[J]. 中国教育学刊, 2016 (9): 41-44.

基本素质教育，也是为继续升学或就业培训打好基础的教育。在这里，"基础"的内涵包含了普通文化知识、公民基本素质。总的说来，基础教育的"基础"，其内涵与外延目前大致存在三种取向：知识取向，强调基础知识的传授，包括基础的人文社会知识以及自然科学知识；能力取向，强调基本能力的训练，包括基本的读、写、算能力以及基本的学习能力、实践能力；道德取向，强调基本道德品质的培养，包括最基本的个性品质，如自尊、自信、自强以及最基本的社会交往道德品质，如宽容、友善和诚信，等等。然而，在实际操作层面，这三者都是对基础的"泛化"性描述，尚未揭示出基础教育中"基础"的最本质特征：不可或缺性、生长发展性。即被涵盖在"基础"中的元素，应该是最基本的、缺少便不足以为继的，同时，又是不必过量和过度发展、能为未来留出更多发展空间和发展余地的，能让未来的发展具有更强的可持续性的内容，对于这些内容，笔者称之为"核心基础"，或者说，"基础教育中的基础所具有的本质特征就是它的核心性，是基础教育的 DNA"[①]。

因此，我们认为，基础教育的本质是基础性。

基础教育的本质是基础教育的根本规定性，是基础教育与其他教育类型的根本区别，是基础教育的规律性反映。基础教育的根本规定性表现在：① 它是为培养合格公民打基础的教育，不是直接培养政治上、管理上接班人的教育；② 它是为培养合格劳动者打基础的教育，不是直接培养消费者、享受者的教育；③ 它是为培养专门人才打基础的教育，不是直接培养专门人才的教育；④ 它是帮助学生认识世界的教育，不是要求学生直接去改造世界的教育；⑤ 它是促进学生全面发展的教育，不是限制学生的片面发展的教育；⑥ 它是公平的、普及性的教育，不是选择性的、等级性的教育；⑦ 它是强迫性、义务性、公益性的教育，不是产业性、收费性的教育；⑧ 它是关注生命价值与意义提升的教育，不是漠视生命的、工具性的教育。

如果说过分追求知识导致我们远离智慧，是对基础教育之"基础"的理解之"错"，那么我们就必须追问，基础教育之"基础"的本质究竟是什么？

基础教育的本质就在于它的"基础性"，它是与处在基础教育阶段的学生特点相联系的，它的特征就像是生命科学试验的"培养基"，其作用在于为处在本阶段的学生下一个阶段的发展和成长奠定基础，它必须有"够用"但不"过度"肥沃的土壤，有个性但不失平衡的生态。

---

① 王红，吴颖民. 放慢知识的脚步，回到核心基础[J]. 人民教育，2015（7）：封面主题.

事实上，无论身处什么时代，我们都必须始终坚守基础教育的"基础性"。唯有坚守"基础性"，我们的教育才不至于偏离轨道走向或唯智、或唯才、或唯考……的道路，进而出现"抢跑教育"。当然，随着时代的变化，"基础性"的内涵也在不断地拓展和丰富，这个需要我们特别注意。如图表示了人类文明进程的方向。

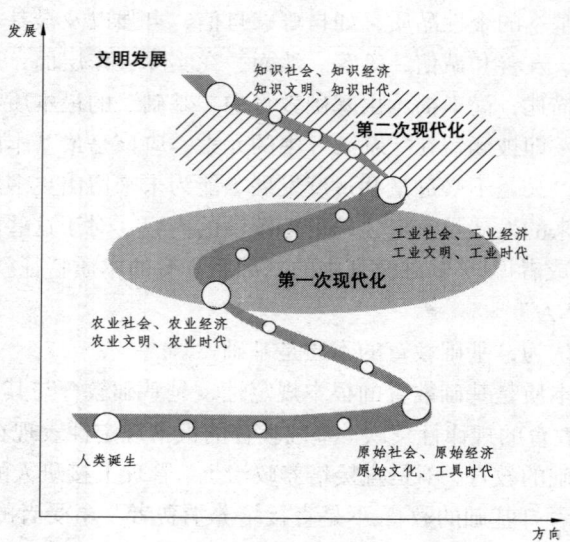

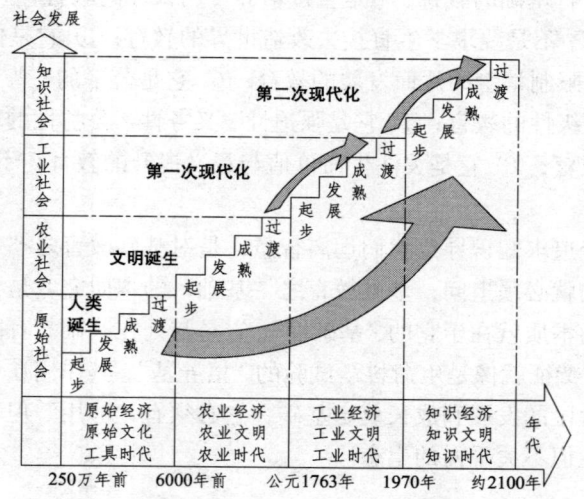

第二次现代化理论图

人类文明进程的变化，必然导致社会和文化的冲突，社会冲突与文化冲突必然导致教育观念的变化：教育目的从一技之长的培养到创新思维的培养，教育价值从精英教育到全纳教育，教育知识从客观知识到建构知识等，特别是教育方法从给予到建构的变革。（见表1、表2）

表1　社会特征、人的思维与教育关系

发展阶段	大致时间	文明形式	主要特征
农业经济	前4000~1763年	农业文明、农业经济、农业社会	乡村的；家族的；家庭保障；专制的；神秘的；宗教的；自然的；保守的；整体的；稳定的；多样的；非正规教育
起步期	前4000~500年	古代文明、种植畜牧、奴隶制	
发展期	前500~618年	古典文明、封建制	
成熟期	618~1500年	东方文明繁荣、欧洲中世纪	
过渡期	1500~1763年	欧洲崛起、文艺复兴、资本主义	
工业经济	1763~1970年	工业文明、工业经济、工业社会	城市化；集中的；社会保障；民主的；理性的；世俗的；经济的；专业化；变化而同的；普及初等教育
起步期	1763~1870年	第一次工业革命、机械化	
发展期	1871~1913年	第二次工业革命、电器化	
成熟期	1914~1945年	家庭机械电器化、混合经济	
过渡期	1946~1970年	第三次产业革命、自动化、计算机	
知识经济	1971~2100年	知识文明、知识经济、知识社会	非城市化；分散的；社会福利；对话民主；个性化；生活的；开放的；创新的；信息化；生态的；普及高等教育
起步期	1971~1992年	第一次信息革命、微电脑、信息化	
发展期	1993~2020年	第三次信息革命、赛博空间	
成熟期	2021~2050年	生物设计和克隆、生物革命	
过渡期	2051~2100年	新型运载工具	

表 2　不同社会的思维特征与教育观念

	农业经济	工业经济	知识经济
社会特征	乡村的；家族的；家庭保障；专制的；神秘的；宗教的；自然的；保守的；整体的；稳定的；多样的；非正规教育	城市化；集中的；社会保障；民主的；理性的；竞争激烈与生存危机；经济的；专业化；变化而同的；普及初等教育	非城市化；分散的；社会福利；对话民主；个性化；生活的；开放的；创新的；信息化；生态的；普及高等教育
思维特征	逻辑起点：封建神性，巫术解释世界； 世界观：混沌、一体化、自然 主体观：主体之外的神或权主宰人的行为 生活观：稳定、保守、局域文化 人才观：肉体特征的；体质健康，四肢发达	逻辑起点：反思封建神性，弘扬人性 世界观：二元、封闭、竞争、对立 主体观：精英主义、权力主体、科学主义 生活观：学习、工作与生活互相分离； 人才观：知识特征的；专业化，一技之长	逻辑起点：反思现代理性，弘扬人性 世界观：多元、开放、通融、理解与包含 主体观：平等、民主、大众化与人文化 生活观：学习、工作与生活整合；终身学习； 人才观：创造特征的；应变与创新
教育观念	哲学，神学，知识教育	知识、能力、素质，标准化，工程能力，工程思维	教育目的、教育价值、教育内容、生存状态、技术形式、权力的分配、主客关系、方法

从表 2 可以看到，农业经济、工业经济和知识经济的思维特征、教育观念是不同的，因此教育的本质也有所变化。

离开社会发展对人、对教育、对基础教育要求的变化规律，我们讨论本质就会出现问题。

20 世纪初，晏阳初提出了通过"四大教育"解决当时中国的社会问题：

愚——中国最大多数的人民，不但缺乏智识，简直他们目不识丁，所谓中国人民有 80% 是文盲。

贫——中国最大多数人民的生活，简直是在生与死的夹缝里挣扎着，并谈不到什么叫生活程度，生活水平线。

弱——中国最大多数人民是无庸讳辩的病夫。人民生命的存亡，简直付之天命，所谓科学治疗、公共卫生，根本谈不到。

私——中国最大多数人民是不能团结、不能合作、缺乏道德陶冶，以及公民的训练。

当下的教育呢？如果还用这样的思路抓教学可能就要出大问题，所以说研究教育的基础性问题对于我们提高人才培养质量至关重要。

人才培养质量包含三个方面的内容：一是上课质量，二是教学质量，三是教育质量。"学会教学"是无须追问的事，"教学"是中国教师最引以为豪的。对于大多数中国教师来说，展现课堂风采是一项既不费力又非常乐意去做的事情。然而，从师范教育的角度看，毕业生拿到了师范毕业文凭，大体能够体现等值的教学技能和素养，尽管他们与职场的要求或与成熟教师相比还有一定的距离。仅从这一点看，我们相信师范毕业生基本是合格的，更不用说一个有数年工作经验的教师。然而，若是从"学会教育"的角度看，那就很难得到相同的结论了。中国教师大多只能称得上"学会了教学"，而称不上"学会了教育"，文凭至多只能是一种教学标准的标志，而不是教育标准的象征，甚至有多年工作经验的教师也未达到"学会教育"的水平，因为在我们的传统教育中，根本就缺少这方面的相关标准、训练意识和评价机制。学会教育、学会培养、学会关爱，是教师教育改革未来需要着力研究和探讨的重要主题。教育部《教师教育课程标准》已经颁布，其中提出了开设"伦理课程"的要求，这是教师教育政策设计的重要进步之一。有的地方，把科学课程作为重要的课程来处理，这是明智之举。有的地方大力开展"什么是一堂好课"的大讨论和大实践，这些都是难能可贵的探索。我们认为，最好的老师至少要教会学生四项内容：一是基本的知识点与核心价值观；二是创新思维方式；三是给孩子注入独立思考与创新创造的基因；四是养成协作精神与社会责任担当的习惯。为此，我们的教育教学必须作出相应的变革。

首先，改变教学理念。要办最好的基础教育，就必须要大力推进实施探究式、小班化课堂教学改革，但是这项改革不是简单地减少课堂上学生的数量，也不是简单地追求小班课比例，最根本的是改变传统的教育教学理念，从内涵上、教学过程中实现互动式教育、启发式讲授。当前，老师大多是在应试教育背景下成长起来的，习惯于把知识点讲得清清楚楚，习惯于从题库中选择标准答案，以考试成绩衡量学生。如果我们仍然存在这样的理念和思维惯性，教学改革意义就不会太大，因为这样培养的学生，其想象力、独立思考能力不会强，批判精神、创新思维和创新创业能力更不会强。因此，我们需要通过课程教学环节的改革，让启发式讲授、互动式交流、探究式讨论、非标准答案考试真正常态化，真正实现"教学相长"。从而启发学生的想象力、批判性思维和独立思考能力。当然，传统的应试教育有其优点，我们不能简单地全盘否定。应试教育的优势就在于能促进学生的知识记忆，而应试教育的缺点则在于使学生缺乏想象力、独立思考能力，更缺乏批判精神和科学思维方式。事实上，我们每个人的大脑都有两大重要功能，一个是记忆功能，另一个是想象功能。但从中小学开始，我们一直在开发学生大脑的记忆功能，其开发率经达到90%，但对大脑想象功能的开发还不到60%。同时，我们必须意识到，满堂灌可以说是"极右"，而满堂问则是"极左"，极左比极右更可怕。所以，我们要改变理念、改变思维、改变习惯，让启发式讲授、互动式交流、探究式讨论、非标准答案考试成为新常态。做到这点，需要有第二步紧跟。

其次，投入更多备课时间。基础教育要不要备课，回答是肯定的。但是怎样备课？这个问题值得深思。我们倡导研究性备课，一备人才培养目标，六个年级拉通思考，各个学科整合思考，校内校外全面思考；二备学生，学生的基础，学生的兴趣，学生的发展追求；三备教学资源，教师自身优势，学校优势，教材教参资源，其他教学条件。虽然教师承担的课时数量有减少的趋势，但是他在课外花费的时间和精力是课堂教学的几倍甚至是十几倍。我们需要彻底改变一份教案使用三五年、甚至十年之久的情况。

再次，改变教学方式。我们推行教学改革，必须提倡合理安排学生学习时间，要让学生去图书馆查资料，要让学生多读书而不是多做题。因为在非标准答案考试中，即使学生带上参考资料也不一定能考取高分，而在传统课堂教学和标准答案考试中，学生只要记住重点内容、公式就能考取高分。因此，如果学生缺乏想象力和创新思维，在非标准答案考试中就很难拿到高分，甚至可能拿不到相应的学分。我们要实施课堂教学改革，不是靠一次讲座、一个要求、一份文件、一次会议就能实现，而是需要每位教师投入更多时间和精力，去真正实施启发式讲授、互动式交流、探究式讨论。同时还要投入更多时间和精力，精心设计非标准答案的试卷和题目，考试的内容不是简单地考查学生知识点的记忆，而是要考查学生对知识的思考和领会。

最后，积极拓展教学广度。一般而言，具有宽广的知识结构是增强学生竞争力的重要保障。教师对课程的讲授不能仅仅局限于本年级本学科的知识，而要有更宽广的知识背景和文化功底。在课堂教学中，不仅要把书本知识活灵活现地教给学生，更要在课堂教学中融入其他知识点，引导学生在学好本门课程知识的同时,去学习其他相关的学科知识,使学生从多角度思考和解决问题。这意味着在实施探究式、小班化教学的过程中,教师不仅要善于培养学生的科学思维方式和独立思考能力,更要努力拓展课堂教学的广度;不仅要教会学生本学科的知识、教材上的内容,更要引导学生去学习与之相关的其他学科知识,鼓励学生把不同学科的知识融会贯通,培养学生多学科的知识背景和结构。

重庆市涪陵区实验小学为了推广这项改革,改革了本校课程,把学生熟悉的内容进行知识拓展,并且取得了良好效果,下面对此项改革作简单介绍。

我们以《古老的希望之城》为主线,分低、中、高三段。开篇便是我们写给孩子的一封信。

孩子们:

美丽的涪陵,我们可爱的家乡。

这是一片古老神奇的土地,这是一片充满希望的土地,这是一方让人迷恋的土地……

涪陵,渗透了古巴国历史传承的幽香,洋溢着浓郁现代文明的气息,乃三峡库区的明珠;处于地球东八区、北纬三十度线附近,千里乌江与万里长江汇流地带;又因乌江古称涪水,巴国先王陵墓多葬于此而得名,是一座古老而极富活力的滨江城市,峰峦叠翠,四季温润,物产丰饶,资源多样。

涪陵历史文化久远,其最具特色者,当推巴枳文化、理学文化、榨菜文化和石鱼文化。巴文化灿烂辉煌,是涪陵历史文化的源头,"小田溪巴王墓群"便是最好的历史烙印;理学文化博大精深,流传至今,涪陵北岩点易洞当然就成为中国程朱理学的发祥地之一,在当今及以后都将是三峡文化的一大旅游资源和游览胜地;榨菜文化丰富多彩,驰名中外;石鱼文化以白鹤梁题刻为首,成为古往今来长江中著名的游览胜地。

涪陵美景如画,"中国普罗旺斯"之大木花海,是国内高山花卉主题公园领导者;"千里乌江第一景"之小溪,集奇物幽深的溶洞瀑潭、风光秀丽的山川景色和丰富多彩的人文景观于一体,让人流连忘返;"中国第一动感峡谷"之武陵山大裂谷,集山、峡、林、泉、瀑、崖、洞、潭、溪、坑、缝于一体,令你目不暇接,美不胜收……

涪陵容貌日新月异,充满现代都市气息的金科世界走廊、渝东国际商贸城、泽胜中央广场,集聚了爱溜达的涪陵人;现代建筑之精华奥体中心、大剧院彰了显涪陵人的聪明才智;一座座桥梁横跨于涪陵的东西南北,拉近了你我他之间的距离……

孩子们,还等什么呢,快快去畅游《古老的希望之城》,亲近我们可爱的家乡——涪陵!

通过这个序言,激发学生的兴趣。整套材料目录如下:

古老的希望之城

(低段)

目录

第一单元　知晓家乡——涪陵

1. 地理位置

2. 古今涪陵

3. 城市形象标识

第二单元　走进家乡公园

1. 望州公园

2. 堡子城公园

3. 白鹤森林公园

4. 江南滨江公园

第三单元　了解家乡特产

1. 涪陵榨菜

2. 胭脂萝卜

第四单元　亲临家乡大桥

1. 长江大桥

2. 李渡长江大桥

3. 石板沟长江大桥
4. 乌江大桥
5. 乌江二桥

（中段）

第一单元　知晓家乡古迹

第1课　白鹤梁题刻

第2课　文峰塔

第3课　陈万宝庄园

第二单元　玩赏家乡美景

第1课　石夹沟

第2课　武陵山

第3课　雨台山

第三单元　了解家乡特产

第1课　油醪糟

第2课　龙潭大米

第3课　涪陵水牛

第四单元　赞叹家乡新貌

第1课　大剧院

第2课　体育场馆

第3课　江东滨江长廊

第4课　泽胜中央广场

（高段）

第一单元　知晓家乡古迹

第1课　周易园

第2课　小田溪巴王墓群

第3课　法雨寺

第二单元　玩赏家乡美景

第1课　大木花海

第2课　小溪

第3课　武陵山大裂谷

第4课　天台峡谷
第5课　乌江画廊
第三单元　了解家乡名人
第1课　历史名人
第2课　英雄人物
第四单元　赞叹家乡新貌
第1课　页岩气
第2课　"816"核工程
第3课　金科世界文化走廊
第4课　涪陵·渝东国际商贸城

我们以玩赏家乡美景、了解家乡名人、赞叹家乡新貌为例，这里有美景、有美文，更有爱国主义教育，更有人文、自然、地理和科学知识。

第二单元　家乡美景

一座座青山紧相连，一朵朵白云绕山间；一座座桥梁跨长江，一阵阵歌声随风传，谁都说咱家乡美……

第1课　大木花海

中国普罗旺斯——大木花海

☆ 地理位置 ☆

大木花海景区位于北纬30°的重庆市涪陵区大木乡，身处武陵山中，海拔高度610—1980米，气候宜人，是独具特色的高山花园集群，也是国内高山花卉主题公园的领导者，从初春到深秋都有各色鲜花盛开，形成连天花海、山水相依的谷地花海景观，已成为全国花卉旅游典范之一，素有"中国普罗旺斯""重庆第一高山花乡"等美誉。

☆ 景区特色 ☆

大木花海包含大木花谷、大木林下花园和大木岩上花园三大花卉主题公园。大木花谷占地约8000亩，于2007年开园；大木林下花园占地约1100亩，于2013年开园；大木岩上花园占地约1500亩，于2016年开园。

大木花海景区距涪陵城区约57千米，距重庆主城区约180千米，全新鲜花公路已经开通，交通更加便利，深山花海不再遥不可及。

1. 大木花谷

葵花园

大木花谷是大木花海景区三大核心景点之一，占地约8000亩。大木花谷背靠陡峭大山，谷地中种植大面积花田花海，从初春的冰岛虞美人、三色堇；到夏天的向日葵、格桑花、硫化菊；再到秋天的一串蓝、鼠尾草等蓝色花卉，形成连天花海、山水相依的谷底花海景观。大木花谷中有一座海棠花园，海棠花园占地3392平方米，里面有各个类型的球根秋海棠。8、9月份，里面鲜花盛开，热闹非凡。它是一座集观赏、娱乐、休憩、购物于一体的现代生态花卉展览馆。

大木海棠园

大木花谷赏花时间表:
3—4月:三色堇、虞美人、樱花
5月:虞美人、三色堇、毛地黄
6月:硫华菊、格桑花
7—8月:向日葵、醉蝶花、一串蓝、格桑花、香彩雀
9—11月:鼠尾草、一串蓝等蓝色花卉

2. 大木林下花园

大木林下花园为大木花海景区三大核心景点之一,占地约1100亩,是目前国内最大的耐阴花卉观赏园,拥有从世界各地引入的上千种高山珍奇花卉,营造出

四季各异的林下花卉景观,从春至秋将陆续举办郁金香花节、杜鹃花节、绣球花节、森林音乐节、七夕百合花节和秋海棠节,漫步园内,四季花香,凉风拂面,松涛阵阵。森林、奇石、鲜花、草地构成一幅幅绝世仅有的憾人美景。给游客带来真正的森林之美,自然之美。

大木林下花园,包括林下梦幻广场、岩石花山、月亮湖、音乐台、林下神龟、玫瑰梯田、九曲漫步道、瞭望塔、草坪露营地等丰富的活动分区,是一个让您可以涤清俗虑、放逐心灵、回归本真的人间伊甸园,一个让您返璞归真,与森林拥抱、与花朵轻吻、与大自然共舞的桃花源。

大木花谷林下花园赏花时间表:

3—4月:郁金香、风信子、洋水仙

4—5月:杜鹃花、芍药、鸢尾花、凤仙花

6月:绣球花、海棠花

7—8月:百合花、海棠花

9—10月:秋海棠

3. 大木岩上花园

大木岩上花园位于北纬30度的重庆涪陵大木乡,面积约1500亩,海拔约1800米,是大木花海旅游区三大核心景点之一,距大木花谷、大木林下花园8公里,花园主要以种植蛇鞭菊、落新妇等高山宿根花卉为主,致力打造高山避暑露营地,大木岩上花园计划2016年开园。

试一试 欣赏大木花海的美景时，请用相机记下来。

做一做 用手抄报的形式为大家介绍一下美丽的大木花海吧！

查一查 大木花海花卉品种多种多样，你认识图片中的这些花吗？还知道大木花海有哪些花？

第2课 小 溪

观赏完"重庆第一高山花乡"，我们顺流而下来到小溪……

第一章 教育本质视角下的基础教育本质

闻名中外的天生石拱桥

☆ **地理位置** ☆

小溪风景区位于涪陵区乌江三门峡两岸，风景区既有奇物幽深的溶洞瀑潭和风光秀丽的山川景色，又有丰富多彩的人文景观，被誉为"千里乌江第一景"。风景区主要有五大景观，即古道通幽、天桥卧波、溶洞巴王府、溶洞神仙府、地下龙宫等5处。其中天桥卧波的天生石拱桥闻名中外。桥共有3座，其中一座长100米，宽20米，高60米，堪称鬼斧神工。

古道通幽

☆景区特点☆

小溪风景名胜区属四川盆地亚热带湿润气候，具有气候温和、雨量充沛、四季分明、季风影响突出等特点，年平均气温为 18.1℃，无霜期 340 多天，年降水量为 1072.2 毫米，年日照为 1248.1 小时，积雪稀少，更无冰冻。相对湿度年平均值为 79%。

小溪风光

看一看 景区中的五大景观你最想目睹谁的风采呢？周末和家人一起去吧！

试一试 在小溪除了欣赏美景，还能野炊，有机会去试试吧！

第3课 武陵山大裂谷

孩子们，你知道在家乡的哪个地方享有"中国第一动感峡谷"的美誉吗？那就是武陵山大裂谷。我们一去看看吧！

☆ **地理位置** ☆

武陵山大裂谷，位于长江上游地区、重庆涪陵区城东南约45公里的武陵山乡境内，系国家4A级旅游景区。

景区以地球上最古老的"伤痕"——剧烈地壳运动所致绝壁裂缝称奇，有着"中国第一动感峡谷"美誉。景区1380米天然落差，10公里喀斯特地貌原生态裂谷，森林覆盖率达95%以上，夏季平均气温低至22摄氏度，负氧离子含量每立方厘米高达10万个以上。武陵山大裂谷地处乌江下游边滩峡东面纵深，东接武隆县双河乡，东北与涪陵区白涛街道和武陵山国家森林公园、大木花谷等景区共同构成涪陵武陵山旅游度假区。

☆ **景区特色** ☆

景区面积30平方公里，景区内山峰、台地、沟谷等景观高低错落，层次丰富，海拔从600米到1980米，谷底至峰巅间的落差达700多米，山势奇峻多姿，极具壮观之美。

"武陵泰斗"索道

天门洞索桥

景区核心区为一条长约 10 公里的喀斯特地貌原生态裂谷。整个裂谷雄阔壮美、气势磅礴，两岸层峦叠嶂、峭壁如削，瀑布直挂绝岭、飞泻而下，河谷迂回婉转、幽深迷离，谷底奇石叠垒、溪流淙淙。景区集山、峡、林、泉、瀑、崖、洞、潭、溪、坑、缝于一体，特别是其状如薄刀、连绵上千米的绝壁石峰国内罕见，一段长约 1500 米的裂谷地缝冠绝天下。在绿荫葱茏的主游道上，分布着一处处奇观异景：刀削斧劈，薄如纸翼的五座石峰，突兀而起，名之薄刀岭；绝壁相对，仅数尺狭缝，栈道嵌壁，碧潭盈底，称之石夹门；壁立千仞，岩面细缝排列，状似卷册，字之"万卷书"；百尺巨石斜插峭壁之间，形若盔甲猛士，号之"将军头"；还有如来神掌、铜墙铁壁、孔雀开屏、五猴下山、雌雄巨猩、一柱擎天、鳄鱼出水、巴将军、老君崖、水晶湖、灯杆石、情人谷、舍身崖、一线天、万丈坑等。一路行来，目不暇接，美不胜收。

景区森林覆盖率达 95%以上，其林木为次原始针叶林与阔叶林组合，随季节变化而呈现出美好的林相，生态环境极佳。植物种类超过 2000 种，其中南方红豆杉、水杉等珍稀树种四处分布。茂密的丛林中栖息着包括猕猴、麂子、刺猬、野猪、锦鸡等在内的数十种珍禽异兽。景区内有高山涌泉 3 处，水质清澈纯净，日自流量在 200 吨以上，且长年不断流。

景区空气质量极其优良，负氧离子含量每立方厘米高达 10 万个以上，被游客誉为"天然氧吧"，夏季气温比涪陵城区低 6～8 摄氏度，清凉宜人，是避暑纳凉的绝佳胜地。

☆ **主要景点** ☆

薄刀岭：为一巨大石壁，长约 1000 米，平均高度约 90 米左右，从峰巅直插谷底。属 2.6 亿年前古生代晚二叠季长兴组石灰岩，近观清晰可辨亿万年前海底遗迹，是感受沧海变桑田的生动课堂。

青天峡：位于景区峡谷下段，全长 1500 米，峡谷宽 2～5 米，被称为

薄刀岭

天然地缝。峡谷两边悬崖峭壁高度在200~300米，抬头仅见天光一线。地缝中怪石林立，钟乳石千姿百态。两壁峭崖有的地方仅隔数尺，能给观赏者带来震撼性的视觉冲击，探步其间，神摄气敛，幽谧古奇之感顿生。

青天峡

万丈坑：地处青天峡地缝的端头，为一地下暗河入口，洞口直径约有十多米。武陵山大裂谷（石夹沟）的水经过青天峡地缝后流进此洞。英国探险队队长布朗曾两度来此，进入万丈坑洞中探险4天4夜没有探到尽头。暗河在洞中形成的瀑布高34米宽30米，为目前全国已发现的暗河瀑布之最。

万丈坑

说一说 随着武陵山大峡谷知名度的提高,越来越多的游客前来参观旅游,你该如何向游客介绍武陵山大峡谷,和你的小伙伴讨论讨论。

比一比 为武陵山大峡谷设计出比较有创意的景点门票,看谁是设计高手。

第4课 天台峡谷

这里,有鬼斧劈开的幽潭碧泉,景色绮丽。水色犹如翡翠,从峡谷深处奔涌而来的溪流,就此垂帘而下,又悄声息影于这一汪凝碧的水光中……

☆**地理位置**☆

天台峡谷景区位于重庆中部,距离涪陵市区19公里,属千里乌江一脉。是集休闲、会议为一体的新兴名胜风景区。

☆**主要景点**☆

涪陵天台小沟为御临河的上支流,峡高谷深,风光原始。整个景区绵延16公里,河床陡立千仞,无人可攀。绝壁上原始林木盘根错节,葱茏茂繁。由无数泉水汇聚而成的御泉河碧绿透彻，在谷底蜿蜒而行，时急时缓。峡中飞泉跌水千姿百态，疑是瑶池玉液淌入人间。其峡之幽，水之碧，泉之密，堪称世上奇观。

御泉河巴人古栈道

到天台峡谷，可漂流、探险、垂钓、烧烤。在山野中进行天然矿泉浴更是乐而不疲。可亲可近的峡谷山水，让人忘忧忘形忘年忘归。

这里，水似翡翠流淌；这里，潭由碧玉铺嵌；这里，峡为鬼斧劈出；这里，泉令银河失颜。

御泉河探险

当橡皮艇载您从两汇口漂流而下时,绿水亲吻肌肤,幽峡灌醉双眼,碧潭撩起您与她共嬉的欲望,暗河引领您荡入时空隧道的梦幻。

御泉河漂流

试一试 如果有条件,班级组织一次郊游活动吧!去感受天台峡谷的险中美。

做一做 确定好本次郊游的主题,策划好活动方案。

第5课 乌江画廊之鹦鹉峡

乌江水常年碧色,河水宛如一面镜子,倒映着岸边的景色,俨然是一幅美丽的山水图。曾有人断言:乌江百里画廊是一颗尚待雕琢的宝石,不久的将来,一定会变成璀璨的明珠。如今,涪陵正是打磨这块宝石的"角磨机",乌江画廊闻名世界指日可待!

☆ 地理位置 ☆

　　位于涪陵的乌江三门峡白岩口段，在三峡水库 175 米蓄水后，江面抬升了近 40 米，也加宽了数十米。昔日以激流险滩著称的夹岸深谷，如今成了水平如镜的高峡平湖。

☆ 景区特点 ☆

乌江画廊 "山似斧劈、水如碧玉、虬枝盘旋、水鸟嬉翔"，清代诗人梅若翁赞叹："蜀中山水奇，应推此第一"。

　　乌江三门峡，又名鹦鹉峡，是千里乌江的第一峡，全长 10 公里，下距乌江与长江两江口仅 7 公里。江流横切天台山，形成了两岸对峙的夹岸深谷。此段峡谷壁岸坡度多在 70 至 90 度，河流东岸是坡度近 90 度、高 200 米左右的石壁。如今的乌江东岸石壁，仍然保持着往昔直插云霄的风采。

沿西岸319国道逆江前行，来到乌江赤壁观景台，可遥望三门峡雄伟奇峻的身姿。在峡口段的东岸，有上千米的从江面斜行而上的古代纤道遗迹，其最高处离现在的江面40米左右。连绵数千米的石壁中上部，有大小不一、形状多样的溶洞洞口。千百年来，高崖石壁上残留下的众多积痕，如一幅幅波澜壮阔的天然山水图画，悬挂于天地之间，矗立于江河之上，引人观赏遐想。

千里乌江，自古以来以奇险闻名于世，故有"乌江天险"之称。乌江的水，碧若琉璃，清幽秀丽；而乌江的山，远看神秘，近看雄奇。正如明代余光在《涪陵八景》之《黔水澄清》中写道："萦回冷浸碧无瑕，图画天开景最嘉。醉后船头洗鹦鹉，水晶宫里弄烟霞。"

说一说 了解鹦鹉峡，你知道乌江画廊的起止地吗？可以查阅资料。

想一想 你还知道家乡的哪些美景？和小伙伴交流交流。

写一写 选择自己喜欢的一处家乡美景写写导游词吧。写好后交流，评选出优秀小导游。

☆感受美☆

写美景的诗词

1. 天街小雨润如酥，草色遥看近却无。——[唐]韩愈《早春呈水部张十八员外》

2. 春潮带雨晚来急，野渡无人舟自横。——[唐]韦应物《滁州西涧》
3. 黄梅时节家家雨，青草池塘处处蛙。——[宋]赵师秀《约客》
4. 渭城朝雨浥轻尘，客舍青青柳色新。——[唐]王维《送元二使安西》
5. 南朝四百八十寺，多少楼台烟雨中。——[唐]杜牧《江南春绝句》
6. 水光潋艳晴方好，山色空蒙雨亦奇。——[宋]苏轼《饮湖上初晴后雨》
7. 粉蝶双双穿槛舞，帘卷晚天疏雨。——[五代·后蜀]毛熙震《清平乐·春光欲暮》
8. 晴川历历汉阳树，芳草萋萋鹦鹉洲。——[唐]崔颢《黄鹤楼》

想一想 你还知道哪些描写美景的诗句？

第三单元　家乡名人

第1课　历史名人

涪陵历史悠久，两江环抱，人杰地灵。涪州大地上有着许多历只名人，身为地地道道的涪陵人怎能不知道他们！

1. 周煌：历史上由涪陵走出的大名人

【生平】周煌（1714—1785）是历史上由涪陵走出的大名人。他是清代涪州（今涪陵）酒店场人，乾隆二年进士，授翰林院编修，都察院右都御使等职，官至从一品。历任工部、兵部尚书。他学识渊博并深得乾隆皇帝信任，不仅被聘为皇太子（后来的嘉庆皇帝）的总师傅，还曾经令他远涉重洋，担负代表清廷册封琉球国中山王的重任。

【事迹】东海中的琉球国（即今日本冲绳县）当时是一个岛国，也是中国的藩国，中山是琉球国的国号。明清时期，中土皇帝不下三十余次册封该国。其中周煌负责的那次册封是较大的一次，此次册封历时7个多月，期间周煌在该岛详尽考察其山川地理、经济文化、风土人情，归国后撰成《琉球国志略》十六卷，又绘制《琉球国全图》（该图现存中国第一历史档案馆）一卷。

《册封琉球图》又名《登舟图》，乃周煌延请官廷画师绘制，裱为长卷，画高一尺二寸半，长二丈一尺。画前篆字横书"登舟图"三字。图中绘有城墙、民房、田野、村庄；有山有桥，有石亭，有牌坊；有大海，海边停靠着来岛册封的海船；有威武肃严的册封官员及仪仗队，黄幡龙旗以及观看的民众等，形象地再现了当地的风土人情，真实记录了庄严肃穆的册封大事及中国与琉球国的深厚友谊。

周煌墨迹《琉球国志》序

这次出使并非一帆风顺，而是充满了曲折与艰险，既有土著人生死相助的友情，又历经了惊心动魄、九死一生的劫难。六月二十四日船至米姑山时，遭遇强台风，船在剧烈颠簸中触礁撞损，海水涌入，情况万分危急，周煌因有册封诏书、节印在身，始终不肯弃船上岸，后来在当地土著人的帮助下，终于转危为安。"同舟二百余人举庆更生……"

乾隆五十年（1785）的正月，71岁的周煌因病辞官离京。乾隆皇帝因他功勋卓著，决定用半副銮驾和官廷礼乐送其还乡。于是一支由吹奏乐器和打击乐器组成的官廷礼乐队，伴同周煌从京城出发，一路浩浩荡荡、吹吹打打回

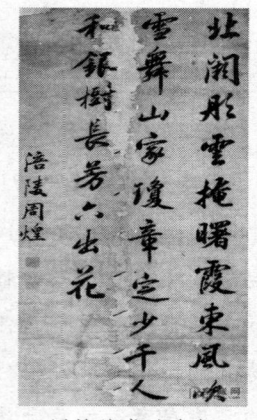

周煌的书法条幅

到涪陵。由于是来自北京皇宫的御用礼乐，涪陵人尊称它为御锣。从此御锣便开始在涪陵流行，涪陵御锣成为重庆非物质文化遗产之一。

涪陵人对周煌也是崇敬的，中华人民共和国成立以前，每逢六月二十四日为"周文恭忌日"，纪念他出使琉球国海上遇险之事，城内要举行祭祀活动。

☆知识链接☆

周煌墓位于涪陵区大顺乡明家社区三组，占地面积近 100 亩，由坟丘、牌坊、华表、拜台、碑亭及人物、生肖像组成。墓坐西向东，条石砌筑土冢，规模宏大。

周煌墓的拜台前还竖有 4 柱 3 门石牌坊一座，保存较为完整，面阔 7.96 米、高 8.7 米，是乾隆皇帝诏旌表建造。牌坊正面刻有"皇清诰授光禄大夫太子太傅兵部尚书谥文恭周公墓"，背面刻周煌传共 187 字。

牌坊顶部为三重檐，仿木结构斗拱建筑，镂空、深浮雕"五龙捧圣""二龙戏珠""双凤朝阳"等，雕刻精致，栩栩如生。正面坊柱上的对联为"望重储宫征学问，名留海国矢贤劳"，背面联文为"玉堂曾记苏金带，戎府犹传范甲兵"。

想一想 周煌出使琉璃国的经历给你什么启示？

做一做 听了关于周煌的介绍，你还想了解他的哪些信息，去查查资料吧！

2. 李蔚如：革命烈士

【生平】李蔚如（1883—1927）字郁生，号鸿钧，涪州（今大顺乡）人。青年时期，受邹容的《革命军》和宣传民主革命书刊的影响，立志寻求救国救民之道。1904 年春到日本，先后考入成城学校、东斌学校学习。在重庆近代史上，李蔚如可谓是个传奇人物：早年加入同盟会，亲历辛亥革命，带领学生军打开通远门，迎接革命军进入重庆城；在家研制炸弹，炸瞎右眼，炸残右手成"独臂将军"，却照样领导和参加了四川讨袁、护国、护法之役，并屡建战功；1924 年，因厌倦军阀混战而解甲归乡；1926 年加入中国共产党，在涪陵四镇乡组建八千农民自卫军，与刘伯承等领导的顺泸起义军相呼应；1927 年 7 月，被军阀郭汝栋诱捕，英勇就义。

李蔚如肖像和位于大顺乡的李蔚如烈士陵园

【事迹】1913 年夏，李蔚如积极参加熊克武、杨庶堪等人领导的讨袁斗争。四川讨袁军失败后，李蔚如、熊克武、李庶堪等遭袁世凯通缉，先后走出四川，李蔚如再次赴日本学军事。1914 年加入中华革命党。1915 年，护国讨袁战争开始，李蔚如同熊克武回到昆明，参加蔡锷领导的护国军起义，随同云南护国军一支队入川。他们一边作战，一边召集流散的川军旧部，扩大队伍。1916 年 2 月，四川招讨军成立，熊克武任司令，李蔚如任参谋长兼成都讲武堂堂长，主持练军，整顿军队和参与改革币制。从 1917 年起，四川开始军阀混战。连年的军阀混战，给人民带来极大的灾难，使他非常痛心，于是决心引退田园，不顾熊克武再三挽留，毅然回到故乡涪陵大顺场。

1926 年夏，李蔚如加入中国共产党，积极开展四镇乡农民运动。1927 年 1 月，四镇乡的农民武装改编为农民自卫军，农民武装力量迅速壮大。7 月 2 日，涪陵驻军二十军师长郭汝栋（李蔚如的学生）派人送信与李蔚如，诡称："刘湘进犯四镇乡，实欲一并消灭淞云（郭汝栋号）部队，淞云惟有追随老师坚持抵抗。"四镇乡的农民在收信后，认为郭、刘（湘）近月接触频繁，有相互勾结的迹象，提防有诈，要求李蔚如不要亲自前往。李蔚如认为，刘军压境，敌众我寡，形势危急，即使共同御敌不成，也可争取郭汝栋保持中立，消除我军腹背受敌之险。7 月 3 日，他不顾个人安危，率领快枪排 40 多人向同东镇出发，当行至同乐镇石垭村时，警卫人员被郭军所阻，李蔚如遭诱捕，关押在同乐镇一庙里。敌当即设庭审讯，问："为何参加共产党？"他自豪地回答："四川有几个配当共产党，我得为共产党虽死犹生。"7月5日，许尧卿将李蔚如押往重庆，王陵基等自知李在川军中威信极高，恐进城有变，于是阻止将李蔚如押入市区，在刘湘的授意下，7月8日将他杀害于重庆黄桷垭。

知而后行

查一查 涪陵的历史名人还有很多，如谯定、徐邦道、王超奎等，去查资料了解一下他们的经历吧。

第2课　英雄人物

1. 周鑫：人民卫士

【生平】周鑫（1979年1月6日—2009年2月20日），重庆市涪陵区人，2002年2月加入中国共产党。1999年8月重庆警官职业学院毕业后，于涪陵区致韩派出所工作，2004年2月于涪陵区敦仁派出所黔靖街社区警务室工作，2008年11月于敦仁派出所工作。2009年2月20日，为了制止歹徒行凶，保护人民群众，周鑫同志挺身而出，连中三刀，血流如注，英勇殉职，他以自己的生命和鲜血捍卫了人民群众的安全。

【事迹】2009年2月20日晚8时许，周鑫加完夜班走出派出所准备去吃饭，一阵"杀人了"的呼叫声让他警觉地注视前方，一个高他一头的黑衣青年似乎拿着凶器越过马路跑向他这边。周鑫一看，一名手持凶器的男青年从马路对面跑过来，后面一群人正在追赶。

"站住！干啥子？"周鑫顿时意识到有事发生，两步并成一步，侧过身子挡住男青年的去路。"让开！"周鑫随后上前拉住黑衣青年，准备将其扭送派出所。身高仅一米六七的瘦个儿周鑫独自对付足足高出他一个头的黑衣青年渐渐有些力不从心，但他仍坚持扭住欲逃脱的黑衣青年。一会儿，男青年挣脱开来，周鑫手捂胸部紧追了上去，鲜血正从他的左胸喷涌而出："站住，站住……"声音越来越小，周鑫倒在了洒满鲜血的地上。

警方公布的事发现场的摄像头监控录像显示，身着浅色衣服的周鑫被黑衣青年手持匕首样的凶器连捅数下，随后黑衣青年向马路对面跑去，而已身负重伤的周鑫仍捂住伤口紧追，最后因伤重不支倒在了一家药房前的人行道上。

事后，警方对案发现场进行勘查发现，周鑫在身中三刀后仍顽强地向黑衣青年逃跑路线追击了44米，走完了自己生命的最后一程。

过路群众见状急忙打电话报警，周鑫被抬上车送往医院抢救，然而，周鑫已经因失血过多停止了呼吸。涪陵警方当晚8时40分在行凶者家中将其抓获。

一名质朴的优秀人民警察，为了保护自己的人民，尽自己的职责，在滔天巨浪中展现了"侠义大者"的英雄气概！面对这个"侠义大者"，任何的语言都是苍白的，任何豪言壮语都诠释不了"侠义大者"的英雄气概。危险面前，他根本不需要选择，因为这瞬间举动源自内心品质，一个英雄的真正品质！

2. 周波：舍己救人

【生平】周波，北京卫戍区某师直属防化连原上等兵，重庆市涪陵区人，1987年4月出生，2006年12月入伍。入伍一年多，他两次获得连嘉奖，一次被评为"优秀士兵"。2008年2月14日，在部队靶场执行警戒任务时，遇见两名儿童不慎落入池塘冰窟，危急关头，他和战友刘冰恒奋不顾身地跳入水中，一起救出落水儿童，自己却壮烈牺牲。

【事迹】2008年2月14日下午，当地驻军正在靶场进行实弹射击，周波和刘冰恒两人担任流动哨，负责在靶场周围巡逻，避免射击时有人误入射击区。下午两点多，家住徐辛庄村的男童高昊、臧国帅和许言结伴出去玩耍。在靶场旁看了一会儿战士打靶后，三个人准备到靶场西边的一个水塘里滑冰。这口水塘正中央四五平方米的地方，冰层很薄。男童臧国帅来到水塘中央处一脚踩到破冰面掉了进去，高昊上前去拉，结果自己也掉了进去，两人在水中挣扎，同时大喊救命。此时，许言尚不知道两名伙伴已经落水，他发现冰面上没有了伙伴，还以为他们俩回家了就自行返回家中。两名儿童挣扎着想爬上周围的冰面,但冰面不断坍塌。

北京通州区周波烈士慰问团来涪缅怀英烈

正在巡逻的两名战士发现后,迅速翻过靶场围墙,连衣服都没来得及脱便跳进冰窟,附近一名目击者也随后赶到将一根木棍横在冰窟上方协助施救。孩子落水是在下午两点多,两名战士在水中挣扎了半个多小时,落水儿童被托出了水面,但其中一名战士没能爬上来。正在打靶的十多名官兵听到呼救后赶到,合力将战友救起,随后将几名落水者全部送往医院,此时将近下午三点半。救人的两名战士就是周波和刘冰恒,没能爬上冰面的是战士周波,他最终因为体力不支而溺水牺牲。众人紧急将周波送往263医院,但是仍然没能挽回他年轻的生命。

周波走好!你的死重于泰山,你的死对得起"人民军人"的称号,你的死将铭刻在我们每一个人的心中!我们会以你为榜样,将你的精神发扬光大!我们深深地怀念你,你永远活在我们心中,激励着我们前行!涪陵人以你为荣,我们以你为傲!

1. 从周鑫和周波的身上我们学到了哪些精神？
2. 你还知道哪些英雄人物的故事，讲给伙伴们听听吧。

☆ **知识链接** ☆

《小学生自我保护》宣传资料

一、当有人公然抢劫你的物品时，应采取怎样的自卫措施？

小学生遇到抢劫时，应以保护自身生命和安全为首要原则，不要过多地顾及财物。不要硬拼，避免造成更大的损失。关键时应大声呼救，及时报警。

报警时，应确认对方是110报警台后再述说。尽量明确地告知出事地点、坏人的人数，是否有武器和交通工具的种类等细节，还要留下联系方式。如果你是处在和坏人周旋的危险中拨打110，应注意隐蔽和轻声！

二、小伙伴溺水后怎么办？

每年，因游泳发生意外死亡的事故不在少数，其中大多数是由于溺水后抢救不及时造成的死亡。应该怎样救护呢？

1. 要大声呼救成年人前来救人。因同学们力气小，即便是水性好，在水中救人也很困难。

2. 要救人，最好是携带救生圈、木板等漂浮物去救人。要注意，不要被落水的同学紧紧地抱住，否则会双双下沉。

3. 也可在岸边用长竹竿或绳子投向落水者，让他抓住，拉上岸，以协助其自救。

4. 岸上抢救。让溺水者平躺，头偏向一侧，将其口、鼻内的泥沙和水吐出来。假如呼吸很微弱或已经呼吸停止，要马上口对口做人工呼吸和在胸部正中进行压挤，帮助心脏恢复跳动。经过20～30分钟的抢救，也许会醒过来，眨眨眼睛或出现微弱的喘气。

5. 情况严重的，应在人工呼吸开始时就拨打"120"急救电话，请医生来现场救护。不要一救上岸就急着送医院，这样不利于溺水者。

第四单元　家乡新貌

　　沧桑涪州，走过千年风雨；两江福地，跨过天地苍黄。如今的涪陵，如红日初升，其道大光，如河出伏流，一泻汪洋，家乡面貌日新月异！

昔日涪陵

今日涪陵

第1课 页岩气

在我国，常规天然气储量有限，而页岩气储量相对丰富，而且它是一种清洁、高效的能源资源和化工原料。页岩气如果能得以大规模开发，对缓解我国天然气紧张局面、降低天然气对外依存度意义重大。它究竟蕴藏在涪陵哪里呢？一起去看看吧！

☆ **地理位置** ☆

页岩气蕴藏在我们涪陵区焦石镇。

☆ **页岩气的特点** ☆

页岩气是指赋存于富有机质泥页岩及其夹层中，以吸附和游离状态为主要存在方式的非常规天然气，成分以甲烷为主，是一种清洁、高效的能源资源和化工原料，主要用于居民燃气、城市供热、发电、汽车燃料和化工生产等，用途广泛。页岩气生产过程中一般无需排水，生产周期长，一般为30年~50年，勘探开发成功率高，具有较高的工业经济价值。我国页岩气资源潜力大，初步估计我国页岩气可采资源量在36.1万亿立方米，与常规天然气相当，略少于浅煤层气地质资源量的约36.8万亿立方米。

☆ **经济价值** ☆

页岩气开发具有开采寿命长和生产周期长的优点——大部分产气页岩分布范围广、厚度大，且普遍含气，使得页岩气井能够长期稳定地产气。但页岩气储集层渗透率低，开采难度较大。随着世界能源消费的不断攀升，包括页岩气在内的非常规能源越来越受到重视。美国和加拿大等国已实现页岩气商业性开发。页岩气藏的储层一般呈低孔、低渗透率的物性特征，气流的阻力比常规天然气大，所有的井都需要实施储层压裂改造才能开采出来。另一方面，页岩气采收率比常规天然气低，常规天然气采收率在60%以上，而页岩气仅为5%~60%。低产影响着人们对它的热衷，美国已经有一些先进技术可以提高页岩气井的产量。中国页岩气藏的储层与美国相比有所差异，如四川盆地的页岩气层埋深要比美国的大，美国的页岩气层深度在800~2600米，而四川盆地的页岩气层埋深在2000~3500米。页岩气层深度的增加无疑在我们本不成熟的技术上又增添了难度。

☆ **页岩气的前景** ☆

2012年11月28日，这一天，中国石化在焦石坝地区实施的第一口页岩气井——焦页1HF井钻获高产页岩气，开启了中国页岩气开发的新纪元，翻开了焦石坝乃至涪陵经济发展的新篇章，点燃了中国石化打造上游长板和当地群众全面建成小康社会的新希望。

远眺焦石页岩气基地

在这里，我国第一口实现规模化、商业化生产的页岩气井诞生，被命名为"页岩气开发功勋井"。2014年3月24日，中国石化正式宣布，计划在2017年把涪陵页岩气田建成国内首个年产能100亿立方米的页岩气田，相当于一个1000万吨级大型油田。今天的焦石坝，中国石化正加快推进涪陵国家级页岩气示范区建设，青山绿水间井架林立，橘红工装舞动，第一期50亿立方米产能建设项目如火如荼推进，沉寂已久的山乡正在发生一日千里的巨变。在焦石坝页岩气发现的推动下，国内掀起了新一轮页岩油气勘探开发热潮。涪陵正在引领这场前所未有的能源革命。

写一写 页岩气给涪陵带来了发展机遇，请给远方的朋友或亲人写信介绍家乡发现的新能源——页岩气。

议一议 有人说有了页岩气，我们就不用担心资源枯竭了。你怎么看？和小伙伴讨论讨论。

第2课　816地下核工程

它是大山下的秘密，从外貌看，除笔直高大的排风烟囱外，看不出任何工程的痕迹……

☆地理位置☆

816地下核工程位于重庆涪陵区白涛街道，巨洞紧靠乌江，背靠武陵山，隐藏于崇山峻岭的金子山山体内。

这是一座被掏空的大山。那些被挖出的石渣（151万立方米），如果筑成一米高的石墙，可达1500公里——能从重庆连接到广州。10.4万平方米的建筑面积内，宛如迷宫般的布局，"洞中有楼，楼中有洞"，道路、导洞、支洞、隧道及竖井有130多条。

816 地下核工洞全貌

曾经的 816 核军工厂

816 军工洞体不仅可以生产核原料，还可以抵御核攻击，其顶部覆盖层有 200 米厚，可以预防 100 万吨当量氢弹空中爆炸冲击和 1000 磅炸弹直接命中攻击，并能抵抗 8 级地震破坏。虽然其已在 1984 年正式停工，但有关 816 的林林总总，在相当长时间内仍是碰触不得的国家机密，因为它关涉核武器。透过开放的主洞体铁门，可以看见一条长廊，与一般隧道并无太大差别。走进去，才知道原来别有洞天。这条通路只是 9 层洞体的第六层，上下还有重叠的巨大工程。除了洞壁上有个别新涂写的标语外，洞体内目前基本维持原貌。曾经被安装的设备绝大多数都已清除，但控制室及核反应堆仍留有部分仪器。

现在的 816 核军工厂

2002 年 4 月 8 日，国防科工委以科工密办（2002）14 号文同意对 816 工程解密。2009 年 4 月下旬，因 816 核工程将以旅游景点的身份对外开放，重庆涪陵邀请了百余名参与洞体施工的老兵重返 816。当年身处遍插"军事禁区，严禁入内"

的大山内,他们并不知道自己参建的是地下核工厂。经过几年的酝酿筹备,2010年4月底,作为世界第一大人工洞体、中国唯一解密核反应堆的816洞体工程,其部分区域开始成为旅游项目。专家论证,"816工程"是我国三线建设这段不能被磨灭历史的重要代表性工程。

作为曾经的核工厂实体,"816工程"以旅游产品的形式对大众开放,无论在国内还是在世界上都是独一无二的,"816工程"是一个不可多得的国防教育工程。

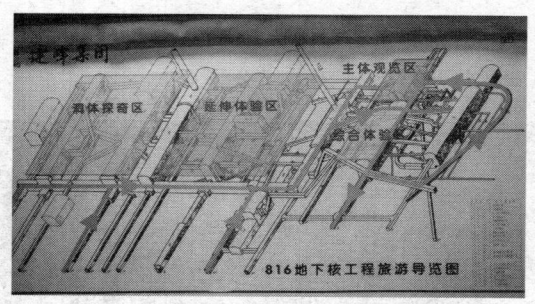

看一看 如果你还没有参观过816核工厂,一定要去看看。

对这部教材,我们坚持研究性备课,强调"跨界"更强调"基础性",比如对植物的教学,告诉孩子植物有几个名字,俗名(地方话中的称呼)、中文学名、拉丁文学名(在植物分类上是唯一标识)等。在页岩气教学上要强调能源科学、环境科学等。

第二章 "全球共同利益"视角下的基础教育本质

一、联合国教科文组织三个报告解读

联合国教科文组织在 1972 年发表了名为《学为生存:教育世界的今天和明天》(简称《富尔报告》)的报告。《富尔报告》是在 20 世纪五六十年代科学技术迅猛发展的背景下提出来的,充满了科学主义和经济主义精神。该报告认为,20 世纪科学技术的发展改变了世界,科学技术革命把人类带入了学习化社会。人们只有不断学习才能适应科学技术革命所带来的生产和社会变革。而"教育是随着经济的进展而进展的,从而也是随着生产技术的演进而演进的"。报告提出了"终身教育"的概念,并特别强调"学习化社会"和"终身教育"两个基本观念。这两个观念影响了世界教育的发展。

1996 年联合国教科文组织出版了研究报告《教育:内在的财富》(learning: the treasure within,简称《德洛尔报告》)。《德洛尔报告》发布于世界经济经过七八十年高速发展逐步走向衰退的时候,也即世纪之交。人们期望 21 世纪经济能有更好的发展、社会矛盾能有所缓解、环境得到有效的改善。报告充满了乐观主义和理想主义的色彩,对教育充满了希望。报告提出了"四大支柱",即学会认知、学会做事、学会合作、学会生存。

2015 年联合国教科文组织再次发表了名为《反思教育:向"全球共同利益"的理念转变?》(rethinking education: towards a global common good?)的报告。我国著名教育学者、中国教育学会前会长、北京师范大学资深教授顾明远先生第一时间发表评论称,这份报告必定像前两份报告那样对世界教育的发展产生重大影响。为了研究方便,我们在这里全文转录教科文组织总干事伊琳娜·博科娃的序言。

《反思教育：向"全球共同利益"的理念转变？》序言[①]

教科文组织总干事伊琳娜·博科娃

我们在21世纪需要怎样的教育？在当前社会变革的背景下，教育的宗旨是什么？应如何组织学习？本出版物的思想便是由这些问题有感而发。

教科文组织有两部具有里程碑意义的出版物——《学会生存：教育世界的今天和明天》(《富尔报告》，1972年)和《学习：内在的财富》(《德洛尔报告》，1996年)。秉承这两部报告的精神，我确信，我们今天需要对教育再次做出高瞻远瞩的思考。

这是一个动荡的时代，世界变得越来越年轻，对于人权和尊严的渴求正在上升。不同社会之间的联系比以往任何时候都更加密切，但不宽容现象和冲突依然层出不穷。新的权力中心正在形成，不平等正在走向深层，地球正承受着压力。虽然可持续和包容性发展的机会广阔，但是挑战也是严峻和复杂的。

世界在变化，教育也必须变化。社会无处不在经历着深刻变革，这种形势呼吁新的教育形式，培养当今及今后社会和经济所需要的能力。这意味着超越识字和算术，以学习环境和新的学习方法为重点，以促进正义、社会公平和全球团结。教育必须教导人们学会如何在承受压力的地球上生活；教育必须重视文化素养，立足于尊重和尊严平等，有助于将可持续发展的社会、经济和环境方面结为一体。

这是人文主义教育观，是根本的共同利益。我相信，在70年前商定的《教科文组织组织法》的启迪下，这种观念获得了新生，反映出新的时代和新的需求。

教育是可持续发展目标全球综合框架的关键。教育是我们努力适应变化、改造我们生活其中的世界的核心。优质的基础教育是在瞬息万变的复杂世界中实现终身学习的必要基础。放眼世界，我们看到在扩大全民学习机会方面已经取得了长足的进步。然而，我们必须吸取适当的经验教训，确定新的前进方向。在机会获取方面尚有不足；我们必须把新的重点放在教育质量和学习相关性上，放在儿童、青年和成人的实际学习内容上。学校教育和正规教育是主体，但我们必须放宽眼界，促进终身学习。要让女童进入小学读书，但是在中学以及以后阶段，我们也必须向她们施以援手。我们必须比以往任何时候都更加重视教师和教育工作者，将他们作为全面推动变革的力量。

[①] 联合国教育科学及文化组织. 反思教育：向"全球共同利益"的理念转变？[M]. 巴黎：联合国教育科学及文化组织，2015年（ISBN978-92-3-500004-7）

再没有比教育更加强大的变革力量,教育促进人权和尊严,消除贫穷,强化可持续性,为所有人建设更美好的未来,教育以权利平等和社会正义、尊重文化多样性、国际团结和分担责任为基础,所有这些都是人性的基本共同点。

所以,我们必须高瞻远瞩,在不断变化的世界中重新审视教育。为此,我们需要开展广泛的辩论和对话,这正是本出版物的目标——满怀憧憬,鼓舞人心,对话未来。

下文即从报告入手,分析目前联合国教科文组织倡导什么样的教育,是怎样看待教育现代化、教育信息化的。

联合国教科文组织总干事伊琳娜·博科娃(Irina Bokova)在这一报告的《序言》中开门见山地写道——"我们在21世纪需要怎样的教育?在当前社会变革的背景下,教育的宗旨是什么?应如何组织学习?本出版物的思想便是由这些问题有感而发。"她继而写道:"我确信,我们今天需要对教育再次做出高瞻远瞩的思考。"博科娃指出:"世界在变化,教育也必须变化。社会无处不在经历着深刻变革,这种形势呼吁新的教育形式,培养当今及今后社会和经济所需要的能力。这意味着超越识字和算术,以学习环境和新的学习方法为重点,以促进正义、社会公平和全球团结。教育必须教导人们学会如何在承受压力的地球上生活;教育必须重视文化素养,立足于尊重和尊严平等,有助于将可持续发展的社会、经济和环境方面结为一体。"她说这是人文主义教育观,是我们全人类的根本共同利益。博科娃认为"再没有比教育更加强大的变革力量"。她进而强调"教育促进人权和尊严,消除贫穷,强化可持续性,为所有人建设更美好的未来""教育以权利平等和社会正义、尊重文化多样性、国际团结和分担责任为基础。"博科娃最后写道:"所以,我们必须高瞻远瞩,在不断变化的世界中重新审视教育。"这种重新审视的结果就是我们21世纪的教育应该向"全球共同利益"的理念转变。

《反思教育:向"全球共同利益"的理念转变?》报告共84页,由五个部分组成——"导言""第一章 可持续发展:核心关切""第二章 重申人文主义方法""第三章 复杂世界中的教育决策""第四章 教育是一项共同利益吗?""导言"呼吁对话。其中写道"本文件有助于在不断变化的世界中重新规划教育愿景,并借助了联合国教科文组织作为全球社会变革观测站的主要任务,目的是激发关于变化世界中的教育问题的公共政策辩论……本文件希望做到满怀憧憬,鼓舞人心,与新的时代以及世界各地涉足教育事业的所有人开展对话。""导言"还界定了何谓知识、学习和教育,也就是对知识、学习和教育重新下了定义。"知识在有关学习的任何讨论中都是核心议题,可以理解为个人和社会解读经验的方法。因此,可以将知识广泛地理解为通过学习获得的信息、认识、技能、价值观和态度。知识本身与创造及复制知识的文化、社会、环境和体制背景密不可分。""学习可以理解为获得这种知识的过程。学习既是过程,也是这个过程的结果;既是手段,也是目的;既是个人行为,也是集体努力。学习是由环境决定的多方面的现实存在。获取何种知识以及为什么,在何时、何地、如何使用这些知识,是个人成长和社会发展的基本问题。""教育可以理解为有计划、有意识、有目的和有组织的学习。正规教育和非正规教育机会意味着一定程度的制度化。但是,许多学习即便是有意识和有计划的,其制度化程度要低得多(如果能够形成制度的话)。这种非正式教育不像正规教育或非正规教育那样有组织、有系统,可能包括发生在工作场所(例如实习)、地方社区和日常生活中的学习活动,以自我指导、家庭指导或社会指导为基础。"

  报告第一章的主旨是对于可持续的人的发展和社会发展的关切,概述了当今全球社会变革进程中的某些趋势、张力和矛盾,以及这一过程呈现出的新的知识前景。与此同时,本章强调我们需要探索实现人类福祉的其他办法,包括承认世界观和知识体系的多样性,以及强调我们需要支持多样化的世界观和知识体系。第二章重申人文主义方法,强调必须在最新的伦理和道德基础上制定综合性教育方法,呼吁包容的、不会简单地重演不平等的教育过程。在不断变化的全球教育格局中,教师和其他教育工作者的作用对于培养批判性思维和独立判断的能力、摆脱盲从至关重要。第三章讨论复杂世界中的教育决策问题,包括众多挑战:认识和应对正规教育与就业之间的差距;在跨越边界、职业和学习空间的流动性日益增强的世界里,承认和认证学习;在日益全球化的世界中反思公民素质教育。最后,联系可能出现的全球治理形式,分析了国家教育决策的复杂性。最后一部分——第四章探讨了有必要根据当前形势重新思考教育治理的基本原则,特别是受教育的权利和以教育为公益的原则。建议教育政策更多地关注知识以及创造、获取、获得、认证和使用知识的方式。还建议应根据当前形势,重新思考组织教育的基本规范原则,特别是以教育为公益的原则。建议将教育和知识视为全球共同利益,这或许会为协调学习的目的和组织方式提供一种实用的方法,作为不断变化世界中的社会集体努力。末尾部分总结了主要观点,并为开展深入讨论提出了一些问题。

报告认为，学校教育不会消失。报告指出："现在有些人认为，由于电子学习、移动学习和其他数字技术提供了大量学习机会，学校教育模式在数字时代是没有前途的。关于这个问题，我们不妨重温20世纪60年代和70年代关于'去学校化'（Deschooling）的辩论，特别是保罗·古德曼（Paul Goodman）和伊万·伊里奇（Ivan Illich）的著作。学校教育目前的产业模式的确是为了满足一个多世纪前的生产需求而设计出来的，学习模式在过去二十年里发生了巨大的变化，知识来源改变了，我们与知识之间的交流互动方式也改变了。正规教育系统变化缓慢，目前的状态与其过去二百多年间的情况依然非常相似，这也是事实。但学校教育的重要性并没削弱。学校教育是制度化学习和在家庭之外实现社会化的第一步，是社会学习（学会做人和学会共存）的重要组成部分。学习不应只是个人的事情。作为一种社会经验，需要与他人共同学习，以及通过与同伴和老师进行讨论及辩论的方式来学习。"报告进而认为，虽然传统高校模式面临"移动学习"和"大规模开放式在线课程"（MOOC，"慕课"）等的挑战，但它们并不会使实体高校教育消亡。报告也认为，即便技术再怎么发展，教师这个光荣、伟大、崇高的社会职业并不会消失。报告指出："信息量和知识量激增，要求个人和集体采取定性方法来处理信息和知识的传输、传播和获取。考虑到信息和通信技术的潜力，教师现在应成为向导，引导学习者（从幼儿时期开始，贯穿整个学习轨迹）通过不断扩大知识库来实现发展和进步。在这种情况下，某些人起初预测，教师职业注定会逐步消亡。这些人称，新的数字技术将逐步取代教师，实现更广泛的知识传播，提高可获得性，最重要的是在教育机会急速扩张的同时节约资金和资源。但我们必须认识到，这种预测已不再令人信服：所有国家必须仍将有效的教学职业视为本国教育政策的优先事项。"

二、基础教育本质问题的国内外分析

尽管我们在第一章讨论了基础教育要与时代对接，但是，不管何种时代，基础教育都不能忘掉基础的本性，也即基础教育的根本指向是培养人，培养健全的青少年儿童，而不是培养专才，哪怕是创造型的专才——"尽管我们同样需要鼓励青少年儿童创造力的发挥，我们的根本任务并不是创造力的开发，而是首先让他们成为健全的富于创造个性的人"。[①]

---

① 刘铁芳. 爱与丰富：重新认识基础教育的两个基本维度[J]. 教育研究，2017（07）：52-60.

关于基础教育本质，发达国家又是怎么理解的呢？

进入 21 世纪，全球化进程加快，世界的政治经济格局不断演变，带动了全球范围内教育领域的变革，这些变革很多都围绕课程展开。例如，芬兰在 1994 年设置国家核心课程之后，于 2004 年再次颁布《国家基础教育核心课程》；挪威于 2006 年决定再次启动教育改革，制定新的国家课程标准。值得关注的是，经历了多年战乱纷争的阿富汗政府也开始了历史上的首次课程改革。因此，加快课程改革，确立适应时代要求的课程体系，是 21 世纪世界各国面临的共同课题。[①]

21 世纪以来，美国和英国针对国内的现实情况，各自推出了一系列基础教育改革政策，以推进世界一流学校教育体系的创建。《改革蓝图》和《教学的重要性》是目前指导美英两国基础教育改革的纲领性蓝图。通过分析发现，美英两国基础教育改革采取了一些共同的策略：突出教师的重要性，推行教育的问责制，增加教育经费投入，改革课程内容与评价方式，关注弱势群体学生，赋权学校自主自治等。美英两国的基础教育改革突显出提高教育质量、促进教育公平以及追求教育卓越的基本理念。[②]2006 年，美国总统在《美国竞争力计划》中提出知识经济时代教育目标之一是培养具有 STEM 素质的人才，并称其为全球竞争力的关键。所谓 STEM，是指 Science（科学）、Technology（技术）、Engineering（工程）、Mathematics（数学），旨在将原本分散的科学、技术、工程、数学四门课程集合成一个新的整体。这一集合，不是课程的简单组合，而是把学生学习到的零碎知识与机械工程转变成一个探究世界相互联系的不同侧面的过程，强调学生在"杂乱无章"的学习情境中提升设计能力、合作能力、问题解决能力和实践创新能力。[③]

澳大利亚从 2000 年开始到 2012 年参加了 5 轮的 PISA（Program for International Student Assessment，国际学生评价项目）测试，然而其成绩却呈逐年下降的趋势。为此，21 世纪以来澳大利亚政府在基础教育方面进行了一系列改革，如实行全国统一的教师标准，制定统一课程大纲，提高教师质量，改革拨款政策，在改革思路上体现了从"追求质量"向"强调公平、追求卓越"的转变。但澳大利亚在 2012 年的 PISA 测试中的成绩再次不理想使得社会各方对基础教育改革的有效性产生

[①] 王妍. 21 世纪初英国基础教育课程改革现状[J]. 吉林省教育学院学报，2014（3）：130-131.
[②] 陈玥. 美英两国基础教育改革的策略与理念探析——基于对《改革蓝图》和《教学的重要性》的分析[J]. 外国中小学教育，2014（3）：108-111.
[③] 钟柏昌，张丽芳. 美国 STEM 教育变革中"变革方程"的作用及其启示[J]. 中国电化教育，2014（4）：18-24.

疑问，也表明了在执行教育政策的持续性和实践层面都存在需要改进的地方。①

日本政府为了保证教育公平，实施教师岗位轮换制度。对于公立学校的老师来说，在一个学校工作3到10年就会按照上级教育主管部门的安排调任到其他学校工作。这样的轮转有利于学校之间的资源力量平衡。从2008年起，教师资格证的认证制度也改为每10年重新认证一次。如果一位教师在28岁时第一次取得教师资格证，那么该教师在38岁、48岁时必须通过在职进修申请更新教师资格证。目前更新要求是参加大学相关课程满32学时并成绩合格。教师资格证的改革有利于促进教师的在职提升和终身学习习惯的养成。②

英国教育专家霍尔姆斯（Holmes B）和麦克莱恩（Mclean M）曾经对世界各国的课程进行比较研究，将之归为四种主要的课程理论，分别是要素主义课程、百科全书课程、综合技术主义课程和实用主义课程。在这四种课程理论和观点的基础上，以培养什么人和什么知识最重要两个问题作为课程的出发点。

苏联的综合主义课程在发展中几经变革，而欧洲大陆的百科全书课程传统却没有重大变化，所变化的只是因意识形态造成的课程内容实施方式的调整，仅仅是要求教育内容与社会生产和生活紧密联系。由于综合主义的课程原则很难为教师们所内化，导致其实施步履维艰，而当权者则倾向于通过改革以取得政绩，由此引起苏联内部的多次理论论争和重大课程变革。百科全书课程适合于国家统一课程，官员们热衷改革，理论上可以由政府推动大的课程变革，但是教师趋于保守和维护教育传统，由于教师的学术权威与官员的权力抗衡，一个国家的课程很难在顷刻间改头换面，只有在争论的过程的发生渐变。实用主义课程是自下而上的，教师自发追随，逐步扩散影响且与政府无关，它产生于美国独特的社会环境，政府既不管课程也不管教材，教师有充分的自主权。实用主义课程的发展依赖于学者的权威，靠理论的影响力而不是官员的权力去推动课程变革，由此决定实用主义课程不可能出现突变，而只能是渐变。③

21世纪以来，法国基础教育课程在课程理念、课程体系、课程内容、课程评价等方面进行了改革，但其在课程改革的公平度与平等性、课程准备的可行性与

---

① 徐晓红.21世纪澳大利亚基础教育改革政策评析：基于PISA测试的结果[J].外国中小学教育，2014（3）：4-10.
② 韩文平，秦杰.日本基础教育改革动态探析[J].山西师大学报(社会科学版)，2014(4)：128-130.
③ 郑锋.四个国家的基础教育课程理论与实践溯源[J].教育理论与实践，2015（35）：45-50.

充分性、课程政策的清晰度与连贯性、课程实施的协调性与合理性上还存在很多问题。21世纪法国基础教育课程改革的主要内容有：课程理念——"共同基础""共同基石"；课程体系——适时调整课时结构、合理设置多样课程、设置假期补习班；课程内容——重视基本知识和技能、加强道德教育和外语教学、设置现代化课程；课程评价——调整评估等级、转化评估职能、完善评估内容和方法。[①]

我国基础教育课程改革也主张改变课程结构过于强调学科本位、门类过多和缺乏整合的现状，淡化学科界线，使分科课程和综合课程有机联系、合理并存，并设置了八个学习领域和综合实践活动课程，但成效甚微，不仅学习领域形同虚设，而且综合实践活动也几成鸡肋。其中一个重要的原因就在于缺乏开展课程整合的抓手，以谁为中心进行整合？整合的目的和意义如何彰显、如何评价？但是怎么改，怎么做始终在争论之中。"我原以为，尽管素质教育的实践依然困难重重，但毕竟素质教育的理念已经深入人心。经历文革的我和我的同龄人，都熟知列宁说过的一段话：'马克思主义在理论上的胜利，逼得它的敌人装扮成马克思主义者，历史的辩证法就是如此。'同理，素质教育在理论和实践上的高歌猛进，逼得一切搞应试教育的人也不得不装扮成素质教育理念的坚定拥护者和积极实践者。你看，尽管有些学校被称作'高考集中营'，但每次这样的学校在宣传自己时，都说自己是怎样搞素质教育，怎样有人文关怀，怎样严格遵循教育规律……不过，我现在觉得自己好像过于乐观了一些。因为我最近发现，为应试教育大唱赞歌，同时抨击素质教育，甚至把这两个概念都称之为伪命题的言论多了起来。"[②]

我们认为，这样的争论真的是没有意义，离开了文化背景、社会需求、舆论氛围和具体的操作方法，一切讨论都是口号式的"空谈"。

三、基础教育本质的人文性与科学性

教育培养了社会精英，也"培养"了社会渣滓；培养了优秀的社会公民，也"培养"了社会平庸者；培养了民主领袖，也"培养"了独裁者；培养了和平使者，也"培养"了战争狂人；培养了反恐英雄，也"培养"了恐怖大亨；培养了清廉

[①] 光霞. 21世纪法国基础教育课程改革探析[J]. 现代教育科学，2014（6）：114-116.
[②] 李镇西. 素质教育是伪命题吗，中国教育三十人论坛，镇西茶馆，2017.6.20.

官员，也"培养"了腐败分子。我们经常看到的是人类发展进程中出现的种种危机，如政治危机、经济危机、社会危机、文化危机、生态危机等，其实这些危机的背后是教育危机，是教育的价值异化而带来的危机。教育价值异化最根本的原因是统治者把教育作为统治工具，从而把人异化。要么异化为神，使人们颂圣为奴；要么异化为魔，使人们拜金为奴；要么异化为鬼，使人们变为人格分裂的"阴阳人"。教育的工具化、功利化、世俗化、庸俗化越演越烈，人类用自己创造的教育不断异化自己的天性。无限膨胀的权力、财富、名声等无休止的欲望使人们利用暴力和欺骗制造人与人、民族与民族、国家与国家的斗争，不断破坏人类和地球共生体，破坏人与自己、人与人、人与社会、社会与自然、自然与宇宙的共生关系。教育带来的人类智慧，一旦失去共生的价值灵魂和共生的规则保障，就会变成毁坏人类的利器。

在人类教育发展史中，始终存在着两种教育，一种是人文教育，一种科学教育。二者应该共生，促进人与自己、人与人、人与社会、人与自然共同生存和发展。但是，在教育实践中经常出现人文与科学的"蹩脚"，即两者的不统一和不协调。因此就出现了这样和那样的各种问题。

这个问题，国家教育咨询委员、北京师范大学资深教授顾明远先生谈的非常到位和全面，试看其《对教育本质的新认识》一文。

对教育本质的新认识[①]

国家教育咨询委员、北京师范大学资深教授顾明远

前不久，联合国教科文组织发布一份新的研究报告《反思教育：向"全球共同利益"的理念转变？》。这是联合国教科文组织成立70年以来，继1972年发布的《学为生存：教育世界的今天和明天》（简称《富尔报告》）和1996年发布的《教育，内在的财富》（简称《德洛尔报告》）以后第三份重要的报告。这份报告必定像前两份报告那样对世界教育的发展产生重大的影响。

1. 教育要以人文主义为基础，尊重生命和人类尊严

《反思教育》（下面简称《报告》）面对世界新的挑战，提出教育应负的责任和教育的变革，提出要重新定义知识、学习和教育。总的精神如《报告》导言中说的：教育应该以人文主义为基础，以尊重生命和人类尊严、权利平等、社会正义、

[①] 顾明远. 对教育本质的新认识[N]. 光明日报，2016-01-05（14）.

文化多样性、国际团结和为可持续的未来承担共同责任。在教育和学习方面,要超越狭隘的功利主义和经济主义,将人类生存的多个方面融合起来,采取开放的灵活的全方位的学习方法,为所有人提供发挥自身潜能的机会,以实现可持续的未来,过上有尊严的生活。

《报告》提出未来教育要以人文主义为基础。《报告》强调经济发展必须遵从环境管理的指导,必须服从人们对于和平、包容与社会正义的关注。《报告》认为,人文主义方法可以让教育辩论超越经济发展中的功利主义作用,应对全球学习格局的变化。

教育和学习要超越功利主义和经济主义,将人类生存的多个方面融合起来。要将通常受到歧视的那些人包容进来,包括妇女和女童、土著人、残疾人、移民、老年人以及受冲突影响国家的民众。这将要求采用开发和灵活的全方位的终身学习方法。由此,《报告》提出,教育是全球共同利益的理念。

2. 教育是全球共同利益

关于教育是全球共同利益的理解,《报告》在最后一章作了详细的解释。我认为有这么几层意思:

一是教育的人文主义精神。《报告》强调教育是人的生存和发展的权利,教育要尊重生命、尊重公正、平等,使人们过上有尊严和幸福的生活。《报告》提出:"根据当前形势重新审视教育权"。指出:"国际发展讨论常常会将教育作为一项人权和一项公益事业。教育是一项基本人权,并且有助于实现其他各项人权"。这意味着国家要确保尊重、落实和保护受教育权,除了提供教育之外,还必须成为受教育权的担保人。《报告》批判了功利主义和经济主义。报告认为,要重新审视教育的目的。《报告》说:"教育的经济功能无疑是重要的,但我们必须超越单纯的功利主义观点以及众多国际发展讨论体现出的人力资本理念。教育不仅关系到学习技能,还涉及尊重生命和人格尊严的价值观,而这在多样化世界中是实现社会和谐的必要条件。""维护和增强个人在其他人和自然面前的尊严、能力和福祉,应是二十一世纪教育的根本宗旨。"

二是强调教育的共同利益。《报告》认为,"共同利益"可以定义为:"人类在本质上共享并且互相交流的各种善意,例如价值观、公民美德和正义感。"《报告》认为,共同利益的概念超越了个人主义的社会经济理论。共同利益不是个人受益,而是一项社会集体努力的事业。在界定什么是共同利益时,强调参与过程,知识必然成为人类共同遗产的一部分。指出,"要在相互依存日益加深的世界实现可持续发展,就应将教育和知识视为全球共同利益。"这意味着知识的创造、控制、获取、习得和运用向所有人开放,是一项社会集体努力。《报告》批评了教育私有化,并为知识的私有化趋势担忧。《报告》说:"教育是社会平等链条上的第一环,不应将教育出让给市场。"教育作为一项公益事业,国家要确保教育权的落实。

三是强调多样性、多元化。《报告》认为,共同利益的含义必须根据环境的多样性以及关于幸福和共同生活的多种概念来界定。共同利益有多种文化的解读。因此,在尊重基本权利的同时要承认并培养关于环境、世界观和知识体系的多样性。教育作为共同利益应该具有包容性。因此,必须探索主流知识模式之外的其他各种知识体系,承认并妥善安处其他知识体系,而不是将其放在劣势地位。这里指的是各种社会、民族,特别是弱势群族的文化知识体系。

这是对教育本质的深刻认识。过去人们总是用工具理论来解释教育。教育要不是作为阶级斗争、政治斗争的工具,要不就是作为经济增长的工具,缺乏对教育作为人的生存和发展的权利、缺乏教育对人的本体发展的重要性的认识。教育的确离不开政治和经济并要为它们服务。但教育更是人的权利,同时只有人个体得到发展,才能为政治经济服务。

3. 全方位的终身学习方式

《报告》认为,面临当前的社会挑战,学习方式需要改变,要重新定义学习的概念。学习可以理解为获得信息、认识、技能、价值观和态度。学习既是过程,也是这个过程的结果;学习既是手段,也是目的;既是个人行为,也是集体努力。学习是由环境决定的多方面的现实存在。《报告》批评当前国际教育讨论张口闭口谈学习,但"主要关注的是教育过程的结果,而往往忽视了学习的过程。关注结果,主要是指学习成绩",而忽视了"对于个人和社会发展具有重要意义的知识、技能、价值观和态度。"面对当前社会和经济的变革,教育要帮助人们改变思维方式和世界观。同时,报告认为,教育作为全球共同利益,需要采用开放和灵活的全方位的终身学习方式。

过去,把教育理解为有计划、有意识、有目的和有组织的学习。正规教育和非正规教育都是制度化的。但是人的许多学习是非正式的。"我们在生活中学习到的许多知识并非有意为之。这种非正式学习是所有社会化经验的必然体验。"所以要重视非正式学习。

《报告》提出要"反思课程编排",强调人文主义课程和多元化课程,反对一切文化"霸权"、定型观念和偏见。把课程建立在跨文化的基础上。

当今世界进入了互联网时代。互联网改变了人们获取消息和知识的途径、交流方式。《报告》认为,数字技术为表达自由创造了更多机会,但同时也引发了人们关心的重大问题:个人信息涉及隐私和安全等重要问题。需要用法律和其他保障措施来防止数字技术的误用。"在这个新的网络世界里,教育工作者需要帮助新一代'数字国民'做好更加充分的准备,应对现有数字技术乃至今后更新技术的伦理和社会问题。"

4. 学校教育和教师不会消亡

在数字化、互联网时代,学校和教师起什么作用?会不会消亡?报告的回答是否定的。《报告》提到,现在有些人认为,由于电子学习、移动学习和其他数字技术提供了大量学习机会,学校教育没有前途。但是《报告》认为,正如《富尔报告》和《德洛尔报告》中说的,虽然知识的来源改变了,人们与知识之间的交流互动方式也改变了,但正规教育系统变化缓慢。因此,《报告》认为:"学校教育的重要性并没削弱。学校教育是制度化学习和在家庭之外实现社会化的第一步,是社会学习(学会做人和学会生存)的重要组成部分。学习不应只是个人的事情,作为一种社会经验,需要与他人共同学习,以及通过与同伴和老师进行讨论及辩论的方式来学习。"这一段话,既说明学校教育的不可替代性,又说明当代学习方式的变化。学习不是个人埋头读书,需要与同伴和老师共同学习。

当然,数字化、互联网大大拓宽了学习空间,给以课堂为中心的学习带来挑战。《报告》介绍了慕课(MOOC)和移动学习的方式和特点,但目前的发展趋势是从传统教育机构,转向混合、多样化和复杂的学习格局,实现正规学习、非正规学习和非正式学习,让学校教育和正规教育机构与其他非正规教育经验开展更加密切的互动,而且这种互动要从幼儿阶段开始,延续终生。

《报告》指出,某些人起初预测,教师职业会消亡,数字技术将逐步取代教师。但《报告》认为,"这种预测已不再令人信服",教师应当成为"向导,引导学习者(从幼儿时期开始,贯穿整个学习轨迹)通过不断扩大知识库来实现发展与进步。"因此"所有国家必须仍将有效的教学职业视为本国教育政策的优先事项。"

顾先生通过解读报告,提醒我们,第一,基础教育要以人文主义为基础,尊重生命和人类尊严;罗崇敏多次讲到,作为校长、老师和教育工作者一定要有教育理性,不要盲目迎合和实施教育的新名词、新概念、新命题,但又要积极变革教育理念、教学方法、管理机制。他在研究和探索三生教育(生命教育、生存教育、生活教育)、价值主义教育、共生教育过程中,坚守的是教育的事实、逻辑和理性,不追求现实怎么去认同,而是相信未来的社会一定会关注。第二,基础教育必须关注全球共同利益,人类命运共同体应该成为基础教育的主旋律。"打造人类命运共同体"这一核心理念的提出,是基于对当今世界格局的深刻认识。全世界人民处于"地球村"这个共同体中,在全球化和互联网时代,"蝴蝶效应"频频发生,各国人民相互依存、休戚与共。损人利己的举动,可能很快就会带来"城门失火,殃及池鱼"甚至"搬起石头砸自己的脚"的后果。气候变暖、环境污染、金融危机、难民大潮等一再证明这一点。"人类命运共同体"理念,正是对这一基本事实的如实反映。反对战争、保卫和平成为全世界人民的共同愿望,和平成为了时代主题。和平力量超过战争力量,两次世界大战也证明,用战争手段争夺资源和资源的控制权,必然造成资源的极大破坏和浪费。唯有发展,才能消除冲突的根源,保障人民的基本权利,满足人民对美好生活的热切向往。只有共同发展才能使资源得到合理高效的利用,实现互利共赢。共同发展也成了时代主题。这些共识得以形成的主观条件,是全人类有着基于共同利益的共同价值。第三,基础教育应该牢固树立全方位的终身学习方式,基础教育是打基础的教育,是养成学习习惯的教育,绝不能变成"厌学"的教育。第四,基础教育的学校教育和教师不会消亡。数字化、互联网大大拓宽了学习空间,给以课堂为中心的学习带来挑战,但是教师是导演、教师是引路人的功能只能强化不能削弱。教师很重要的职责是学科、知识的整合,而不是单一讲授。在这方面,STEM教育提供了一个很好的思路,所谓跨学科的课程整合,需要通过工程实践体现出来,在面向实际的工程问题的解决过程中,自然会卷入各相关学科知识,那么,工程教育就成为联系各学科知识、建立整体的认识世界和改造世界的平台,而且这样的学习总会产生可视化的人造物成果,能够激发和维持学生学习的成就感和主动性。因此,从这个意义上说,开展STEM教育,不仅有利于弥补我国中小学技术教育、工程教育的短板,而且可以有效促进课程的整合化趋势。因此,这里存在一个教育办学理念的转变问题,《国家中长期教育改革和发展规划纲要(2010-2020年)》明确指出,要"充分调动全社会力量关心和支持教育,完善社会力量出资兴办教育的体制和政策,不断提高社会资源对教育的投入",突破学校办教育的局限,走向开放的教育办学理念应该成为今后教育改革的方向之一。

因此,我们倡导全科教育,倡导强化科学课程的教学地位。对于怎么上好科学课程,我们依据基础教育人文性和科学性的统一,对下面的案例进行讨论和剖析。

教学实践

第一案 纸的发现

执教:陶建鑫

评析:周朝勇

一、引入

师:今天老师第一次给大家上课,给大家带来一个特殊的礼物,(出示各种颜色大小不同的纸)喜欢不喜欢?

生:喜欢。

师:要得到这些礼物需要大家完成一件小小的任务,抽出其中一张白纸,今天我们来观察纸的特点。板书课题:纸的观察。

评:这样的引入直观形象,任务明确,开门见山,节约时间,用任务调动了学生的探究兴趣。

二、观察一张白纸

1. 估计

师:大家估计一下,如果你拿到这张白纸观察,你能找到白纸多少个特点?

生:只能找到1个。

师:其他同学呢?

生:我能找到3个。

师:有没有更多的?

生:5个、7个、10个。

师:他说能找到10个特点,你们相信吗?

生(一起说):不信。

师:但老师相信。他能找到10个特点。(教室顿时鸦雀无声)

评：用估计这个活动，创设了具有挑战性的活动情景。一张白纸要观察出 10 个特点对三年级学生来说是有难度的，他们从来不曾尝试过，不相信反映出学生的诚实品格，也使得学生产生怀疑，而萌生试一试的动机。

2. 讨论

师：想想拿到白纸后要找到 10 个特点，准备怎么观察？用什么方法观察？

生：用手摸，用鼻子去闻、用眼睛去观察、用放大镜……

师：你们的方法真多！

3. 观察

师：一会儿我们就来比一比哪个组能找到白纸 10 个或者更多的特点，把观察到的特点简单、迅速地记录下来；我们以音乐为号，音乐停止后，给能观察到 10 个特点的小组加上小五星。组长拿出盖住的白纸。预备/开始。（学生每人一张用刚才讨论的方法观察一张白纸，相互讨论，记录……音乐停止后，组长收好材料，有两个小组举手示意找出了 10 个特点，老师给加上五星鼓励）

评：观察活动中依靠任务找出一张白纸 10 个特点，促使学生思维要参与活动——用什么方法观察，才能观察出 10 个特点。

组织交流活动前让组长收好材料盖在盘子里，这样对材料进行有效的控制，让学生暂时脱离材料。使得学生的注意力得以有效地转移到交流活动中来。

4. 交流

师：请其中一个小组的代表拿着记录上台汇报。

生：这张白纸是四边形、白色、薄、特别软、很清香、很透明、滑折叠后有皱纹、轻。

师：几个啦？（问听的同学）

生：9 个。

生：折后是凹凸不平的。

师：其他小组有没有补充？

生：用放大镜看有很多小孔。

生：有影子。

师：现在我们已经找到了多少个特点？

生：12 个。（还有很多同学在举手想说白纸的特点）

师：想不到一张普通的白纸竟有这么多的特点，看来只要你动脑筋想办法去观察，就能发现纸更多的秘密。

评：学生交流活动反映出：只要综合运用自己的感官想办法去观察，是能够发现白纸10个或者更多的特点。交流中出现白纸是很透明的这一观察结果，与白纸有影子是矛盾的。反映出学生对透明的表述不明确，老师可以及时提出来加以引导，比如追问他一句：很透明是怎么发现的？用什么词记录你的观察结果比较恰当。

三、两张纸的观察

1. 讨论

师：在我们生活中还有各种各样的纸，出示一张牛皮纸，如果我把它发给你，就两种纸啦，拿到两种纸你又想观察什么呢？

生：把这两种纸比较一下？

师：比较它们的什么呢？

生：比较不同点。

师：大家想不想比较不同特点？

生：想。

师：我们就来看哪个小组能比较出这两种纸更多的不同特点？

评：这里老师利用材料的暗示作用，巧妙地将研究的问题缩小，并传递给学生，让学生根据这些条件做可行性判断后提出问题，老师充分尊重学生自主选择的权利，使学生在很短的时间内找到下一步想研究的问题和研究问题的方法。教师顺着学生的思路引导学生展开两张纸的比较活动充分体现出教师"平等中的首席"这一角色定位。

2. 观察

师：组长拿出抽屉里的牛皮纸，准备/观察（播放音乐：学生每人一张牛皮纸，通过闻、摸、看、折的方式，老师发记录表，每组有一名记录员做记录）

3. 交流

（师请一个组的代表拿上记录表放在实物展台上汇报）

生：白纸比牛皮纸要小一些；白纸是滑的，牛皮纸有一面是滑的有一面是粗糙的；白纸很白，牛皮纸是黄色的；白纸投放的影子浅，牛皮纸投放的影子深；白纸撕开以后有毛，而牛皮纸没有毛；白纸是透明的，牛皮纸不透明；白纸比牛皮纸要厚。（师用简洁的字，记录学生的发现）

师：有没有补充的？
生：白纸没有黑点。
生：白纸轻牛皮纸重。

4. 质疑

师：下面听的同学对前面的发言有没有不同的意见？
生：牛皮纸的气味不一样，白纸是凹凸不平的？
生：两种纸厚薄都是一样薄。
生：牛皮纸厚。（有不同意见）
师：其他同学你们赞成哪种意见，举手表决。（不能说明厚薄的问题）
师：到底哪种说法是正确的？你们是用什么方法观察出纸的厚薄？
生：摸的。
师：有没有更准确的方法？
生：看、按在桌面比较。
师：还有没有更准确的方法。
生：用尺子量。
师：怎么量纸的厚薄？（方法解决了下课后去量）

评：在交流活动中，学生对纸的厚薄问题争议时：老师采用让学生举手表决的方式，使更多学生开始关注这两个学生争议的问题——到底哪张纸厚？卷入到怎么比较纸的厚薄这一活动中来，一起想办法解决问题。

四、观察纸纤维

师：你们对这个发现有没有意见？（师指着有毛的记录问）
生：牛皮纸一面有毛，白纸两面都有毛。
生：牛皮纸一面只有很少一点毛，白纸根本没有毛。（学生有争议）
生：我们是撕开以后才有毛的。（刚才发言的学生补充）
师：到底有没有毛呢？想不想知道？（学生一起说想）
师：刚才她说他们是怎样发现的？
生：撕开。
师：可不可以撕一下。（可以）预备/开始

评：当学生不能敏锐地发现有争议的观点时，而这一个观点对下一步的教学活动的展开具有很重要的作用，老师就采用指着有毛的记录问：你们对这个发现有没有意见？这样来挑出矛盾，有效地将学生的注意力吸引到对两张纸纤维的观察活动中来。

1. 观察两张纸的纤维

（师分发放大镜，学生观察，学生发现以后很快就举手想说自己的发现）

师：一起说发现了什么？（有毛）

师：看来有时从表面能不能完全认识物体，还得从物体内部去观察。

生：白纸两边毛的颜色是一样的；牛皮纸这边毛的颜色深一些，这边毛的颜色要淡一些。

师：人们把你们看到的毛叫做纤维。现在我们知道了牛皮纸和白纸里面都有什么？（纤维）

2. 观察更多的纸纤维

师：猜一猜其他的纸会不会有纤维？（会）为什么？

生：因为这两张纸都有纤维，其他纸一定会有毛。

生：我认为有的纸有纤维，有的纸没有纤维。

师：为什么呢？（两位同学举手有不同意见，但又说不出原因）

生：我觉得白纸比牛皮纸薄，所有的纸都是利用白纸加工形成的，应该都有毛的。

师：想不想知道其他的纸有没有纤维？用什么方法才能知道？（用观察）

师：想得到各种纸去观察的，先要提出自己对观察纤维有什么问题或猜想？

生提问：纤维是什么做的？为什么这个毛叫纤维？纤维可以做什么？纤维从哪里来的？纤维里边的细胞结构是怎么样的？纸里面为什么要有纤维？（学生还有很多关于纤维的问题……）

师：拿到纸的小组开始观察更多纸的纤维（学生把纸撕开用放大镜仔细地观察、比较。都有呐！学生惊叹地说，纷纷举手，有纤维……）

师：还有没有其他发现？

生：硬纸板的纤维要多一些。

生：我认为每张纸的纤维都有点不同。

生：我的天呐！报纸纤维很多。

生：我觉得如果纸厚一点，纤维就更多。

师：这些观察发现说明了什么？

生：颜色不同的纸，纤维的颜色不一样。

生：说明纸是由纤维组成的。

评：观察纸纤维这两个活动，极大地激发起学生对纸观察的欲望。成功地引导学生从关注纸的外部特征到纸内部本质特征纤维的观察，使学生获得对纸共同特征的认识。拓宽课程内容领域。不局限于书本活动的学习，引导学生更多的介入到生活中各种纸纤维的观察比较，在观察实践中获得直接的经验与体验，生动活泼地进行探究学习。

第二案　各种各样叶的发现

王珊珊

刘晋华

一、案例背景

《各种各样的叶》是第一单元《植物》的第三课。通过学生搜集植物叶子这一实践体验，使学生更加亲近大自然，关注大自然；组织和指导学生在有结构的观察活动中，获取关于叶子的颜色、形状、大小、构成、叶脉、叶柄等多方面的知识，鼓励学生在此基础上，通过各种渠道不断丰富自己的知识，让学生在观察大树和美丽的树叶的活动中产生情感体验，对学生进行"爱护草木、保护环境"的教育。

叶是我们生活中常见的。比如花草树木的叶子，学生都能找到。在第一课《我看到了什么》中，学生在课外对公园的花草树木进行了多角度、多方法的观察、比较，着重于大树的观察。同学们不仅获得了关于这棵树有根、茎、叶、花、果方面的事实性的知识，掌握拓印树皮的方法，而且了解到树叶生长与衰老并存。这些发现肯定会促使他们想要了解和研究新问题，如：这些叶子有哪些特点？……从而产生"观察描述各种各样的叶子"这一冲动，使教学自然而然地引入本课的探究活动中来。

二、教学环节

本课教学环节分为四部分。第一部分：学生展示。学生自己搜集叶子，在课堂活动中相互交流，教师根据他们完成的情况，可以看出学生学习的积极主动性。第二部分：观察探究。其中又包括两个环节，一是观察方法与能力的培养，帮助学生了解叶子的形状、大小、颜色等特点；二是通过交流、总结，培养学生的综合分析能力和语言表达能力，从而使学生完成对一片叶子的完整描述。第三部分：家庭作业展示。学生把自己拼贴的叶画在课堂上展示，从而体现学生的美感。第四部分：课堂深化。学生通过一系列的活动，对大自然产生了热爱之情，号召学生"爱护草木、保护环境、自我做起"。

从本课的学习过程来看：学生经历了"搜集——展示——交流——观察探究——交流总结——家庭作业展示——课堂深化"的科学探究过程。在这个过程中，学生的观察能力、合作探究能力、分析综合能力、实践能力都得以提高。

三、教学目标

（1）过程方法：通过自己搜集植物叶子这一实践过程，使学生亲近大自然、关注大自然。

（2）科学知识与技能：知道叶子的形状、大小、颜色，描述一片叶子的特点，拓印一片美丽的叶子。

（3）情感体验：使学生感受大自然的美，热爱大自然，懂得去爱护草木，保护环境。

四、教学重、难点

重点：学会观察叶子，并能描述叶子的特点。

难点：培养学生的观察能力（观察和描述叶的形状），比较能力（比较叶的形态的相同点和不同点），以及语言描述能力。

五、课前准备

生：课前收集各种各样植物的叶子、图片、记录纸、方格纸，叶画。

六、教学过程

（一）引入

师：同学们，课外我们在树林里观察了许许多多的植物，特别对于大树的观察，同学们不仅获得了关于这棵树有根、茎、叶、花、果方面的事实性的知识，而且了解到树叶生长与衰老并存的知识。今天，你们打算重点观察什么？

生：植物的叶。

（师：板书"叶"并出示课件，打出课题）

师：大家说一说各自拿的树叶的种类及名称。

生：我拿的有：枫叶、桑叶、兰花草叶、香樟叶。

生：我拿的有：丝瓜叶、银杏叶……

生：我拿的有：金边吊兰叶、紫罗兰叶、文竹叶……

师：同学们收集的叶子可真丰富，老师发现了你们带的叶子是各种各样的，接下来我们进一步观察和描述各种各样的叶。（补全课题，板书：各种各样的叶）

评：通过展示交流，学生对叶子的特点有了初步认识（各种各样的），这为下一环节的活动奠定了基础，激活了课堂气氛。

（二）观察探究

1. 重点——叶的形状

师：请同学们初步观察一片叶，从中观察到了什么？各小组记录员做好记录。

生：这片叶子的边缘有许多的刺。

生：同一种树叶，它们的大小不同。（例如：枫叶……）

生：同种树叶，它们的颜色不同。（例如：玫瑰叶）

生：我拿的这片叶子，像我们的手掌。

（最后一名学生的回答引起了全班同学的讨论：有的说我拿的叶子像饮具，有的说像风扇的风叶，也有的说像一根根锋利的针，还有的说像鸡蛋……）

师：根据你们的观察，能否给叶子归个类。

生：各小组认真观察讨论，动手分类。

每小组派代表发言：

生：我们小组是按颜色分的类，如：绿色、红色、紫色。

生：我们小组按大小分的类，如：最大的有芋头叶、葡萄叶、玉兰叶，最小的有文竹叶……

生：我们小组是按形状分的类，如：枫叶像手掌，松树叶子像缝衣针，银杏叶子像小扇子，玉米叶子像条丝带……

师：同学们分的种类可真够多，我发现第3小组的同学（按形状分类）观察得很仔细，把叶的形状描述得很清楚。大家集中到第3小组观察。（同学们相互交流、仔细分类）

生：我观察的这片叶子像一颗心。（桑叶、牵牛花叶）

生：我观察到整片叶子像一棵松树。（文竹叶）

师：同学们，你们描述的叶子的形状很形象，接下来我们看一段录像，再找一找有没有其他形状的叶子。（播放课件：叶子的形状——不同种类的叶形）

学生根据课件展示的内容找出相关形状的叶子。(心形、卵形、掌形、针形、扇形、带形等)

评:通过分组学习、讨论、研究,可以充分体现学生学习方式的初步构成,又能提高课堂效率,培养学生的观察能力、合作探究能力。

2. 叶子的组成,叶的边缘

师:请你们再拿出一片叶子,仔细观察,看看有没有新的发现。(提示:让学生对整片叶子的结构进行观察和描述)

生:我观察的这片叶子是由叶柄、叶脉、叶片组成的。

生:我观察的这片叶子的边缘是锯齿状的。(如桑叶)

生:我观察的这片叶子的叶脉分布很均匀。

生:我观察的这片叶子的叶脉很零乱。

生:我观察的这片叶子的边缘是光滑的。

生:我观察的这片叶子的边缘呈波纹状。

老师总结:同学们观察得很认真,那么你们描述的是不是很准确呢?让我们一起来看一个课件。(播放课件:① 叶的组成:叶柄、叶片;② 叶的边缘)

评:这一环节体现学生的语言表达能力、观察能力。

3. 叶子的颜色、大小,叶的共同点

师:除了这些之外,还记得前边有同学提出过一个问题:为什么叶子是绿色的?有的学生还说他是按叶的颜色分类的,有的学生还说他是按叶子的大小分类的,大家共同来研究和讨论叶子的颜色和大小。

生:我来回答前一个同学的问题,因为叶子是靠阳光生长的,它利用光合作用,所以它的叶子是绿色的。

生:我发现大多数的叶子都是绿色的。

生:我发现大多数的叶子都有叶柄、叶脉、叶片。

生:我观察到同一种树的叶子,它的颜色在不同季节不同。(比如枫叶,它在春天是绿色的,到秋天是红色的)

生:我拿的这片叶子最大(荷叶),这片叶子最小(文竹叶)。

师:同学们对叶的大小、颜色、叶的共同点做了初步描述,接下来我们看一个课件。(播放课件,① 叶的大小;② 叶的共同点)

生:老师,通过刚才的课件我知道了叶子大多数都是扁平的。

（三）叶画展示

展示作品：

（1）同学们，拿出你们精心设计的叶画，让大家共同欣赏吧！

（2）每组学生派出一名代表，描述你们叶画的设计思路。

（3）学生互评。

（4）教师总结：通过这次活动，同学们积极主动地参与，认真仔细地观察，别具匠心地设计，你们每位同学都表现得非常出色，我真为你们骄傲。

评：这一环节检查了学生的作业，培养了学生动手动脑的实践能力。

（四）课堂深化

师：今天拿来这么多的叶子，你们是怎样收集到的呢？

生：我是在林子里捡的。

生：我是在校园里摘的。

师：同学们评一评，哪一位同学的行为是对的？（全班同学激烈讨论，结果是：采摘花木是错误的行为，学生代表总结并号召大家"爱护草木、保护环境、从我做起"。）

讨论结果：

生：树叶给人类净化了空气，点缀我们的生活。

生：我们应该以小组为单位，把零用钱积攒下来去植树。

生：不要过度乱砍滥伐。

生：通过观察树叶我们学到了很多科学知识。

老师总结：大自然是美的，树叶也是美的，树叶不仅给我们提供了观察研究的内容，也给我们的生活增添了美丽的色彩。"爱护草木、保护环节，从我做起。"

（五）作业设计

请同学们拓印一片美丽的叶子。

七、课后反思

在整节课中，学生积极主动参与观察、交流，课堂气氛活跃。通过对叶的观察，学生们发现了关于树叶的许多知识；课件的演示，加深了学生对叶科学规范的认识；在制作叶画的活动中，锻炼了学生的想象能力和动手能力；特别在课后延伸中，学生们各抒己见讨论"捡、摘"，使他们从中认识到叶子的重要性及对人类带来的益处，从而自发"保护环境、爱护花草"。

这节课以观察和描述为主体，在整个教学过程中，培养了学生的观察能力、合作探究能力、分析综合能力、创新思维能力和实践操作能力。

第三案　清清的水

李国英

一、教学片段

（一）情境导入（动画演示并电脑解说）

同学们，你们知道吗？在1961年4月12日，前苏联宇航员尤里·加加林乘坐载人飞船，登上太空绕地球飞行，开创了人类载人航天的新纪元。当加加林望向人类的家园——地球时，不由得惊叹，"啊！多美啊，地球是蓝色的！"

师：刚才我们看到和听到的：地球是蓝色的！为什么会是蓝色的呢？

生：海洋。

生：水。

师：是呀，水广泛分布在自然界中。现在让我们一起欣赏一段水在自然界中构成的美景吧！（课件展示自然界中美丽的水体：浩瀚的大海、幽雅的湖泊、奔流的大河、潺潺的小溪、飞下的瀑布、神奇的涌泉……）

师：你在自然界中还见过哪些由水构成的美景？

生：我看到过惠州的西湖，上面还有很多荷花，很美。

生：山里的溪水。

师：是呀，山里的溪水，很清澈。

生：假期我到过台山的上川岛，那里的水很清。

生：西江的水很清。

生：还有公园中的人工瀑布也很美。

师：是呀，很多风景名胜都以水为主。如今，人造瀑布、音乐喷泉已成为城市建设中一道亮丽的风景，漂流、冲浪等水上运动受到了人们的广泛喜爱。水把大自然打扮得多彩多姿，水给我们的生活带来了欢乐，同时，水又是自然界献给人类最宝贵的自然资源。那么，你对地球上的水了解吗？（板书：清清的水）

评：自然界有很多美好的东西，教师不失时机地运用多媒体，让学生回忆曾经看到的水的美景，使他们产生美好的情感体验，从而提高学生的审美情趣，激发学生喜爱祖国河山，热爱家乡的感情。

（二）试验讲解

（课件演示驱动页内容，电脑配上对话）

波波、琪琪、方方和冬冬一起到浅海湾划船。他们玩了很久，波波觉得口渴了，伸手勺起海水正想喝，只见琪琪急忙说："波波，不要喝，海水不能喝！"方方听了，很纳闷，说："海水很清澈，为啥不能喝呢？"

师：大家想解开这个谜吗？有谁可以解释一下呢？好，下面我们就来解开这个谜团。

师：同学们，实验桌上放着三杯物品，标号是 1、2、3，分别装有白酒、白醋、纯水，请同学们想一下，用肉眼能分辨出纯水来吗？（学生摇头，纷纷表示因它们颜色一样而不能用肉眼分辨出来）

师：那么它们都是什么颜色的？

生：白色。

生：没有颜色。

师：牛奶和椰汁这两种物品的颜色与水对比，有什么区别？

生：纯水是无颜色的。

生：牛奶和椰汁是白色的。

师：大家来看老师的这瓶矿泉水，透过瓶子，我们可以看到对面的物体吗？

生：能。

师：这说明什么？

生：纯水是透明的。

师：我们用肉眼分辨不出纯水，有什么好的办法呢？（小组讨论后，代表作答）

生：我们可以用鼻子闻一闻，找出白酒和白醋，剩下的那杯就是纯水。

生：我还可以喝一点点，尝一尝，有酸味的是白醋，有酒味的是白酒，剩下的那杯就是纯水……

师：为了安全，我们做实验时，禁止把鼻子凑到容器口去闻气味，更不允许品尝实验用品，那么谁有更好的办法呢？

生：我们可以把手伸到容器口，用手轻轻地扇动杯子上方的空气，把物品的气味扇到自己的鼻孔，用鼻子闻此空气。远远地闻，这样就可以分辨了。

师：这种办法叫"扇闻法"。

师：请你根据自己生活中的经验，结合刚才的实验，告诉大家，纯水是什么味道的？

生：纯水是无味道的。

师：白酒、白醋看起来和纯水一样，但是它们中都多了一些物质，只是这些物质已经溶解在水中了，肉眼看不出来。海水虽然看起来清澈透明，但是，海水里面却含有许多其他物质，如氯化钠、氯化镁、氯化钾、硫酸镁、硫酸钾等物质。这些物质直接进入人体内将对人产生不利的影响。所以，不能饮用海水。

评：这项活动在成人眼里很简单，但让学生亲自去做，意义非同小可。学生只有亲自动手实践，才能产生体验与感悟。由于这设计符合儿童的认知规律和生理发展的需要，所以学生能在动手中真正体会到海水很清澈，但不能喝。

（三）课外拓展知识

师：海水很清澈透明，但不能喝，我们喝什么水呢？

师：让我们上网查找一下有关资料吧。（师在模拟网站上操作，找到地球上的水的资料，学生自由阅读有关资料）

评：科学教育应"培养学生利用信息技术的意识和能力"，在这里教师实际演示了在模拟网获得知识的完整过程，从而渗透网络教学的思想，为学生终生学习打下基础。

师：地球上的水主要分布在哪里？

生：大部分在海洋，还有淡水分布在地球两极、地下、江河湖海。

师：水有海水和淡水，你认为与人们密切联系的淡水多吗？

生：不多。

师：你怎么知道？

生：因为一个科学家说："如果地球上的水相当于一杯水，其中的淡水只相当于一汤匙水，而容易开发利用的水只相当于一滴水。"

师：假如我们把地球上的水盛在我们桌上的杯中，那么，你们能取出其中的淡水以及其中可开发利用的淡水吗？

生：能。

师：想一想，分别用什么取？从哪里取？（学生取出一汤匙水，一滴水）

师：面对桌上的一杯水、一汤匙水、一滴水，你们有什么想法？小组交流一下。（学生在小组发表意见后，全班交流）

生：我们认为，这一滴水与一杯水比起来太少了。

生：一滴水少得可怜。

师：谁能说得完整点？

生：地球上海水多，淡水少，特别是可开发利用的淡水太少了。

生：我想我们应该珍惜这滴水。

生：我想我们应该把海水变成淡水，这样水就够用了。

师：想得真好，和科学家们想的一样。但是，到目前为止，由于技术和资金有限，海水还没被利用，人们还是广泛地应用淡水，所以我们平常要节约用水。

评：通过科学课的学习，了解与周围常见事物有关的浅显的科学知识，并能应用于日常生活，逐渐养成科学的行为习惯和生活习惯。教师要把科学学习的总目标落实到每节课，使每节课成为聚沙成塔的"沙"，滴"水"穿石的水。而行为习惯的养成绝不是一朝一夕的事，它必须渗透在日常生活中。在此教师设计了"海水还没被利用，人们还是广泛地应用淡水"这一拓展活动，让学生积极投身"节约用水"这一社会活动中，这是很有意义的。

二、教学反思

（一）以趣味为设入点，创设教学情境，在兴趣中学习

本教学一开始首先创设情境——动画演示，激起学生学习的兴趣。在学生兴趣的基础上，教师再创设质疑情境，诱发学生大胆质疑，生成问题，然后再围绕"水的性质"这一重点问题去进行观察、实验。这充分体现了"学生是学习的主体，教师是学生学习的组织者和引导者"这一教学理念。

（二）以探究为核心，引导学生积极参与实践活动，在学习中感悟

本教学十分重视学生在活动过程中的主体地位，让学生在操作实践活动中，学生与学生讨论的过程中，师生的对话中获得独特的感受和体会。在这种积极主动的思维和操作实践活动中，学生体验到了对科学探究的乐趣。

（三）改变传统教学模式，使学生养成良好的行为习惯和生活习惯

本教学以开放的教学观念和心态，把以课堂为中心变为引导学生将科学学习置于自然、生活和社会的广阔背景下的教学，使学生体会到联系生活的学习具有的魅力，从而激发他们进一步探索的热情，使他们关注身边事物，关注社会，乐于参与社会活动，并逐步养成科学的行为习惯和生活习惯。

第四案　空气和我们的生活

叶明辉

一、教学内容

本课选自义务教育课程标准实验教科书科学三年级下册《空气》单元的内容，通过一系列的活动让学生深入研究空气的性质，感知空气污染的含义、原因、危害、以及防止空气污染和保护环境的方法，让学生意识到空气和我们的生活息息相关。

二、教学分析

本节课是让学生在初步了解空气知识的基础上，对空气的性质进行深入探究。大部分学生对空气的基本知识有了了解，知道空气没有一定的形状，但有重量，是气体，知道身边处处被空气所包围；对于空气的作用，学生都有所感受，但还没有清晰的认识，极少数学生对空气的认识还不太清楚。在这样的基础上引导学生进行深入探究是必要的。

三、设计理念

引领学生进行深入的探究活动，一定要按部就班地严肃地进行吗？我们现在面对的只是小学三年级的学生，如果本课能创设一个宽松的课堂氛围，那将更符合儿童的心理特点，师生如果能很好地进行沟通，我们的教学效果就不只是能让学生掌握本课的教学内容，还能让学生感受到学会学习并不难，只要关注身边的点点滴滴，就会发现身边的事物原来蕴藏着很多知识，从而学会在生活中轻松地学习。这样通过知识的内化与行动的外显，体现学生的个性价值，使儿童的独立性、自主性得以全面发展。

因此，在这堂课中，我们针对每个教学环节的不同教学目的和内容精心设计了一些游戏和活动，让学习和生活联系起来。首先以猜谜的方式引导学生进入空气的世界，激发学生的学习兴趣。然后请学生谈谈自己所了解的空气与我们生活，与我们的健康成长之间的密切关系。设计一系列轻松的游戏和探究活动，让学生愿意去感受空气的新鲜以及空气的性质，对人、动、植物的生存有了基本的了解，从而对空气和我们生活有具体的认识。

四、教学过程

（一）猜谜游戏导入，进入活动主题

面对三年级的学生，怎样使学生进入学习状态，又不让他们明显感受到可能存在的学习困难？猜谜游戏无疑是最好的方式："看不到，摸不着，闻不到，有感觉，人人都需要。"

评：激发学生学习和探究兴趣，激活课堂的气氛。

然后请学生谈谈自己对空气的了解以及知识的来源。

评：了解学生掌握的知识状况。也让学生了解信息的来源可以是多渠道的，促进学生之间的互相交流。

教师还设计鉴别气体的方法，让学生实际操作。

师：这里有两杯气体，分别是空气、二氧化碳。没有贴标签，你怎么鉴别，你所选用的鉴别方法的根据是什么？

请两位同学在黑板桌子上鉴别这两瓶气体，具体的做法是：

（1）用两根火柴划燃后，同时放入这两个瓶里，看有什么现象发生？

（2）让学生自己说：一个瓶里火柴继续燃烧，另一个瓶里的火柴熄灭了。

师：燃烧这瓶是什么气体？

生：空气。

师：熄灭的这瓶是什么气体？

生：二氧化碳。

（二）通过活动，感知空气和我们的生活

在平静的时候，我们每分钟呼吸的次数是多少？到操场上跑一圈，回到教室后马上数一数，每分钟呼吸多少次？

教师出示活动计划：

（1）每两个人一组进行比赛，在平静的时候，另一位同学数一数脉搏每分钟的次数。

（2）到操场上跑一圈，回到教室后，再为那位同学数一数脉搏每分钟的次数。

（3）对比一下这两个数字，我们能知道平静、跑步时的脉搏每分钟不同。

评：在这一环节做了一些大胆的尝试，教师根据学生的实际情况对教材作修改，增加了教材上没有的内容。（教材的安排分为两部分。一是通过平静与跑步的游戏让学生感知空气的新鲜,每分钟呼吸次数不同。二是通过每两人一组进行比赛,看谁憋气的时间长。潜水员在水中为什么要带上氧气瓶?)除了让学生感受到没有空气的困难,还让学生正式认识氧气这概念。结果教学效果非常好,学生接受这一概念并没有困难,使得学生的认识更加清晰明了。

(三)开展跑步比赛,引导学生作出假设

在认识空气以后,同学们进行跑步比赛,跑得慢的学生找原因。这个游戏让学生提出假设:跑得慢,一个是力气不足、呼吸有困难引起的。这个游戏使这一节课的气氛异常活跃,避免了活动开始后的沉闷氛围,学生继续深入探究问题的兴趣被激发。

(四)探究活动"看谁能说服我"

这部分内容是本节课中对空气性质进行深入探究的体现。

师:用手憋气的时间长了,就会晕倒,这是缺氧气而晕倒的。

评:号召学生想办法来说服老师,其实是引导他们验证没有空气(氧气)的人、动、植物就不能生存。这种方式让学生感受到了挑战,想要说服老师的心情,使学生对探究内容更为关注,使学生的个性得到充分发展。

学生在跑步后进行更深入的探究活动,寻找到说服老师的方法,并进行了表述和观察记录,(活动中学生还发现了有关空气的其他问题和现象,从而使学生产生了继续探究空气的兴趣)从而证明空气和我们的生活息息相关。

评:科学离不开生活。学生们从生活中了解科学,并应用所学去真实地解决实际生活问题,这是对学生最好的锻炼。

评析:

(1)教师实现了课堂角色的转变,注重创设问题情境,激发和培养学生对科学的兴趣和爱好。大大提高了学生的学习积极性,教师能与学生很好地交流和沟通。学生在问题情境中,可以从已有的经验入手,通过"跑一跑"来培养学生学习科学的兴趣,发展他们的科学素养。

(2)教学过程能够注重体现学生的主体地位,师生关系民主化。对小学生来说,科学探究是不断参与、主动探究的过程。要实现这一切,必须有良好的师生关系做保证,这就要求教师要把握好自己的角色。在教学中,教师能够在大部分时间里较好地以组织者、引导者和参与者的身份,为学生创设一个和谐的氛围,让学生主动、积极地参与,共同探究与交流,使学生在实践活动中得到全面发展。

（3）教师角色的把握有待于提高。新课改要求促进学生全面和谐的发展，因此"以人为本"应该是把学生学习、发展的权力还给学生，让学生的潜能得到充分的发挥。

五、教学反思

这是一节空气和我们的生活的探究课。本节课通过自主、合作、探究的学习方式使学生充分了解空气的知识，知道了空气与我们生活有密切关系。培养了学生的观察能力、分析问题和解决问题的能力。使学生在游戏的过程中有明确的学习导向，从实践中学习，在游戏中求知；让小组长带领他们去自主互动地学习，因为每一个学生都是活生生的、有思想的、有自主能力的人，把学习的主动权交给学生更有利于学生的自身发展，潜能的开发。这里我把实验目的的要求以跑步的方式出现，使学生兴趣大增，积极地促进学生自己去实验、观察、探究、研讨，使他们的身心全部投入到学习活动之中。真正体现"以探究为中心"的现代教育观，这些将使学生终身受用。

第五案　米饭的观察

金光涛

一、教学目标

（1）通过观察比较大米和米饭，观察比较碘酒和淀粉之间的相互作用，学会细致地观察，并能通过观察知道大米和米饭之间的不同之处。

（2）通过实验让学生发现碘酒遇到淀粉会变蓝的现象。

（3）在讨论中逐渐养成既敢于发表自己的见解，又能认真听取别人意见的习惯。

（4）结合具体的教学环境让学生体验"一粥一饭"来之不易，从小养成珍惜粮食的习惯。

二、设计思路

以观察活动为中心，以珍惜粮食为主线，以学生的生活实际为基础，以评价为调控手段，以汇报在家做饭时的经历和发现为切入点。把学生的课前、课中、课后紧密地联系起来。引导学生观察大米和米饭的异同点，让学生学会用多种手段去观察。让学生在实际中发现碘酒遇到淀粉会变色的现象。另外把收集信息与课堂中的实验相结合。

三、课前准备

（1）学生在家长的带领下做一次米饭，做观察记录，并带一些熟米饭和生大米来学校。

（2）查找有关米饭成分和检验方法的资料。

（3）查找一些有关爱惜粮食的古诗。

四、教学过程

（一）引入交流活动

汇报在家做饭时的发现和感受。通过汇报展示自己在家的劳动成果，提出自己在做饭中的发现，体会父母劳动的艰辛。

（二）探究活动

1. 比较大米和米饭

比较米饭和米粒，说说发生了什么变化。在这部分主要让学生能通过各种手段对米饭和米饭、米饭和米粒进行观察。引导学生倾听别人的发言，并对其结论进行评价。

2. 研究米饭的味道

小组之间互相品尝米饭，评价自己和别人做的米饭的好坏，汇报在品尝时的发现，使学生知道米饭的主要成分——淀粉。在这个板块中，学生之间互尝米饭，介绍自己做饭的经验，学习别人的优点，丰富自己的做饭经验。在评价自己或他人的米饭时发现米饭有点甜，引起学生探究米饭成分的兴趣，探究甜味产生的原因。

3. 认识淀粉

用消毒后的手去检验米粒和米饭的硬度引导学生发现问题。观察淀粉的样子。观察生淀粉到熟淀粉有什么变化？碘酒遇到生淀粉和熟淀粉有什么变化？推测出检验淀粉的方法。

在这个板块中利用实验中的出乎学生想象的实验现象，激发学生的学习兴趣，也给后面认识淀粉遇到碘酒会变色提供了一个特殊的而典型的实例。学生对于一类物体的认识是由个体到整体的，所以我先安排了学生认识了生米粒和熟米粒遇到碘酒会变蓝的一个基本事实。再通过生淀粉和熟淀粉遇到碘酒会变蓝，让学生归纳出碘酒遇淀粉会变蓝。在观察生淀粉到熟淀粉的过程中既培养了学生的实验能力又锻炼了学生的观察能力。让学生通过观察发现生淀粉变成熟淀粉时和米粒变成米饭一样也有许多的变化，而且很多变化是一样的，从另一个侧面帮助学生再次认识米饭中确实含有淀粉。

（三）学科整合

解释粮食一词的含义。

通过这次活动，请学生谈谈对粮食的再认识和今后的打算。通过和语文的整合对学生进行爱惜粮食的教育，并把这种教育深入到学生的生活中去，形成学生良好的行为习惯。

五、课堂实录

师：课前老师让同学们回家进行了一次实践活动：回家做一次饭。通过这次做饭你们有什么感受和收获？

生：我体会到父母每天为我们做饭很不容易，尤其是在淘米的时候，水很凉、很冰。

生：我吃了自己做的饭感觉很香，爸爸妈妈都说我做的饭好吃。

生：我知道了如何做饭，我把米淘好后，放的水要到我的手指第二个关节。做出来的饭不干也不稀。

师：同学们请把你做的米饭拿出来观察一下，结合你在家做饭时的观察，说一说米粒到米饭有哪些变化？

生：我发现米粒是半透明的，而米饭是不透明的；还有米粒很硬，而米饭很软。

生：我发现米粒吃起来不好吃，有一点点咸味，而米饭吃起来很香。

生：生米粒上有个缺口，而米饭上没有，而且从米粒到米饭大小也发生了变化。生的米粒长有4毫米，熟米粒有6毫米。

生：生米粒和米饭温度不同，生米粒是凉的，做好的米饭是热的。

生：他们闻起来的气味也不一样，生米粒没有气味，米饭有股饭香味。

生：熟的米粒是粘的，生的米粒不是。

师：同学们每个人都做了米饭，你们可以互相品尝一下别人的米饭。看看他做的米饭怎么样？看看你还能发现什么问题？（学生活动）

生：小林的米饭很软，有点像稀饭。我的米饭比他的要好点。我们组小楠的米饭最好吃。

生：刘欣潼的米饭是黑米饭，不好看，但挺好吃的。我在吃米饭的时候感觉有点甜味。

生：我也感觉到了。

师：有多少人吃出了甜味？你们是怎么样品尝出甜味的？

生：我是小口吃，慢慢地品。

生：细嚼慢咽就会感觉出来。

师：同学们可以按着他们说的方法再试一次，看看甜味是在什么时候产生的？（学生活动）

生：刚开始吃的时候没有甜味，咀嚼一会就有甜味了。

师：我们经常听到这样一句广告词：农夫山泉有点甜。那么干嚼米饭有点甜是怎么回事呢？能根据你们课前收集的资料说说吗？

生：因为米饭中含有淀粉。

生：淀粉在唾液的作用下可以变成糖，所以干嚼米饭有点甜。

师：你们在刚开始时说从米粒到米饭的过程中硬度发生了变化。你是怎么知道的？

生：我是吃出来的。

生：我是用手捏出来的。

师：那我们就再来捏捏，不过在捏之前我们的手是要消毒的。我们可以用桌上的碘酒把手消一下毒，再来捏捏米饭和米粒看看你发现了什么？（学生活动）

生：我发现了米粒和米饭变蓝了。我们的手指也变蓝了。

生：我们也发现了。

师：碘酒遇到米粒和米饭会变蓝。

师：刚才我们知道了米饭中含有淀粉，你们见过淀粉吗？

生：见过，就是粉面子。

师：我们桌子上就有淀粉。你们仔细观察一下淀粉是什么样的？（学生活动）

生：淀粉是白色的，不透明。

生：淀粉是细小的颗粒，没有什么味道。

生：淀粉和我们家吃的白面是一个样子的。

师：生米粒中含有生淀粉，熟米粒中就含有熟淀粉。怎样可以把生淀粉变成熟淀粉？

生：用火加热。

生：还得放点水，就像我们做饭一样。

师：下面同学们就按着刚才说的方法做点熟淀粉，看看生淀粉变成熟淀粉有哪些变化？（学生活动）

生：生淀粉是面状的，熟淀粉是糊状的。

生：生淀粉不透明，熟淀粉有点透明。

生：我还发现在加热时会有些小的泡泡产生。

生：熟淀粉很粘，生淀粉不粘。而且淀粉由生到熟的时候有点变多了。

师：为什么变多了？

生：因为里面有水了，就像我们做饭时米粒变成米饭时一样。

生：生淀粉变成熟淀粉像我们米粒变成米饭一样会有很多变化。

师：刚才生米粒和熟米粒遇到碘酒都变蓝，那么生淀粉和熟淀粉遇到碘酒会怎么样呢？

生：不会变蓝。

生：会变蓝，我在查资料时看到：米饭中就是因为含有淀粉才变的蓝。

师：那你们就试试吧！（学生活动）

生：我发现碘酒遇到生淀粉和熟淀粉都蓝。

师：今天我们在课堂上认识了一种粮食——大米。同学们，唐代诗人李绅有《悯农》诗"锄禾日当午，汗滴禾下土。谁知盘中餐，粒粒皆辛苦"强调了米是农民辛勤劳动的果实。那么我们以后应该怎么做呢？

生：我们以后不浪费一粒粮食。

生：我们要珍惜农民伯伯的劳动果实。

生：我要好好学习，长大了像袁隆平爷爷那样提高粮食的产量，让所有的人都吃上绿色的粮食。

师：好，那我们再次以李绅的《悯农（一）》作为这节课的结束语。

师、生：悯农（一）

——李绅 锄禾日当午，汗滴禾下土。谁知盘中餐，粒粒皆辛苦。

六、教后反思

《米饭的观察》是科教版三年级上册最后一个单元米饭和淀粉中的第三课时。

这节课要通过观察比较大米和米饭，观察比较碘酒和淀粉之间的相互作用，学会细致地观察。并能通过观察知道大米和米饭之间的不同之处。还要让学生通过实验发现碘酒遇到淀粉会变蓝。在讨论中逐渐养成既敢于发表自己的见解，又能认真听取别人意见的习惯。下面我就结合教学的实际说说我对这节课的理解和一些问题的处理情况。

1. 教材的处理

（1）米饭的观察这一课教学内容比较多，要让学生在40分钟之内认识米饭的特征，从米粒到米饭有哪些变化，米饭的成分，生淀粉到熟淀粉的变化，以及淀粉遇到碘酒会变色，还有利用碘酒去检验米饭和米粒中的淀粉，这些对于学生来说有一点的难度。针对这个情况我在课前开展了一次"今天我做饭"的实践活动。活动的内容包括体验父母做饭的辛苦，观察米粒到米饭有哪些变化，查找有关米饭成分和有关爱惜粮食的古诗、谚语和名言。在活动中学生既对米粒到米饭有哪些变化有了初步的认识，又体会到父母每天为我们做饭的不容易。另外他们还对米饭成分的学习做有准备。这样做缓解了学生课堂上的学习压力，使学生的课前学习和课中学习形成了一个有机的整体。现在的学生都是独生子女，他们的动手实践能力比较差，不知道体谅父母的辛苦。通过这样的一个实践活动锻炼了学生动手的实践能力，同时使他们体会到父母的辛苦。一个学生在日记中写道：当我把手伸进凉水里淘米的时候，我的手被那冰冷的凉水拔红了。这时我才知道我的父母每天做饭有多么不容易，今后我多替他们做几次饭。学生的父母对这次活动也非常的支持，他们感受到孩子在活动中长大了、懂事了。有一个家长在回执中这样写道：非常感谢老师安排了这样的活动，孩子在活动中不仅学会了怎样做米饭还知道体谅父母的辛苦。尽管孩子做的米饭有点硬了，但是我们家长却觉得这是我们吃到的最好吃的一次米饭。我们可喜地看到了学生们在活动不仅学会了知识和本领，还在活动中了解了父母的辛苦，同时还架起了父母和孩子沟通亲情的桥梁。

（2）对于淀粉的认识和淀粉遇到碘酒会变色的研究。我把验证式教学变成了发现式教学。我从米粒到米饭的变化入手，让学生说说他们是怎么知道从米粒到米饭时硬度的变化的。学生有的说用手捏，还有的说用牙咬。于是我就因势利导让学生在去用手捏捏。不过在捏之前让学生用碘酒把手先消消毒。学生在活动中惊奇地发现米粒、米饭和手都变颜色了。这样利用实验中的出乎学生想象的实验现象,激发学生的学习兴趣,也给后面认识淀粉遇到碘酒会变色提供了一个特殊而典型的实例。学生对于一类物体的认识规律是由个体到整体,由特殊到一般的。所以我先安排学生认识了生米粒和熟米粒遇到碘酒会变蓝的一个基本事实,再通过生淀粉和熟淀粉遇到碘酒会变蓝的事实,让学生归纳出碘酒遇淀粉会变蓝的结论。在观察生淀粉到熟淀粉的过程中既培养了学生的实验能力又锻炼了学生的观察能力。让学生通过观察发现生淀粉变成熟淀粉和米粒变成米饭一样也有许多的变化,而且很多变化是一样的,从而从另一个侧面帮助学生再次认识米饭中确实含有淀粉。

2. 教学环节

在这节课上我设计了三个教学板块:比较大米和米饭;米饭的味道(米饭的成分);淀粉的认识。为了更好地突出层次感和整体感,三个板块都以实践活动为基础,后两个板块都以第一个板块中的内容作为切入点,同时第二个板块和第三个板块之间存在内在的联系。味道的变化是因为米饭成分中还有淀粉的原因,"米饭的味道"这个板块我是从第一个板块中的实践活动入手让学生们去互相品尝别人的米饭看看谁做的米饭好,好在哪里,不足之处在哪。在品尝前先让学生说说什么叫品尝,品尝与平时的吃饭有什么不同。这样把方法指导在前,学生在做的时候就不至于走弯路,省得第二次再去品尝米饭,为课堂教学赢得一定的时间。学生在这次活动中不仅学会了如何去评价别人的米饭,还在活动中发现了问题,在这样自然的过渡中进行米饭的成分的教学。第三板块的教学我也是从第一个板块中米粒到米饭硬度的变化入手,让学生通过用碘酒消毒后的手去捏米粒和米饭的活动发现问题,从而引到淀粉的研究这个板块。在这个板块的教学中我没有像教材中那样从米饭的成分入手。一个原因是把书上验证式实验变成发现式实验,激发学生的学习兴趣;另一个原因是让学生通过自己的学习去体会第二个板块和第三板块之间的内在联系。让他们在推想淀粉遇到碘酒会变色时自己把两个板块联系起来为自己的推想提供事实依据,更好地培养和锻炼学生的逻辑思维能力。这一点在课堂上收到了很好的效果,学生能根据米饭中含有淀粉,米粒和米饭遇到碘酒会变色推想出碘酒遇到淀粉也会变色。

教学的不足：

在设计时总的思路是这样的：以观察活动为中心，以珍惜粮食为主线，以学生的生活实际为基础，以评价为调控手段，以汇报在家做饭时的经历和发现为切入点，把学生的课前、课中、课后紧密地联系起来。引导学生观察大米和米饭的异同点，让学生学会用多种手段去观察，让学生在实验中发现碘酒遇到淀粉会变色的现象。另外把收集信息与课堂中的实验相结合。在这节课中我觉得没有把珍惜粮食这条主线体现出来，学生只是在课前收集了有关爱惜粮食的古诗、名言、谚语。但是教师除了在上课前利用演示文稿为学生出示了一些相关的图片和古诗，创设一个氛围外，在具体的教学过程中并没有对学生做出要求和提示，学生也没有把自己课前所学体现在自己的实际行动中，课堂上仍有浪费粮食的现象，使课前的收集资料失去了意义。

第三章 教育价值与功能视角下的基础教育本质

一、教育的价值与功能

什么是本质？本质是指事物本身所固有的，决定事物性质、面貌和发展的根本属性。事物的本质是隐蔽的，是通过现象来表现的，不能用简单的直观去认识，必须透过现象掌握本质。①我们在理解基础教育本质的时候，就是要找到反映本质的现象因素，我们认为，核心因素应该是教育价值和教育功能。

价值是对象性客体对于主体需求的满足程度。这是基于主客体关系说的。主客体关系有两个基本过程：一是主体客体化，指客体对主体的作用与影响；二是客体主体化，指主体对客体的作用与影响。后者是所谓"价值"的实质内容，客体主体化指主体依据自身的尺度，从物质与观念上去接触、影响、改造客体，在客体身上显现和直观自己的本质，使客体具有主体所赋予的特征，从而实现客体的发展。客体主体化具有鲜明的主体特征，因为"任何价值现象的特点，都依主体的特点而形成，并主要表现出来自主体一方的规定性"。价值有三个特性。一是为我性，"当物按人的方式同人发生关系时，我才能在实践上按人的方式同物发生关系"。这表明价值是因"我"而存在的，为"我的发展"而服务的。二是需要性，"'需要'产生于主体自身的结构规定性和主体同周围世界的不可分割的联系，是人的生存发展对外部世界及自身活动依赖性的表现"。这也说明价值的存在是源于主体自身发展对于自身活动及外部世界的依赖性。三是效益性，主体的需要与目的通过客体转化成为现实的客观形态，客体同化于主体，客体为主体服务，价值就得以实现。②教育价值即是教育行为的"有用性"，这种"有用性"既包括教育行为自身的效用体现和对受众需求的满足度，也包括外界对教育的接受、享有和

---

① 中国社会科学院语言研究所. 现代汉语词典[M]. 北京：商务印书馆，2001：61.
② 王天平. 社会转型时期乡村教育的价值取向[J]. 西南大学学报，2017（1）：79-85.

利用的认同度①。教育价值属于关系范畴，客体是教育活动，主体是与教育活动关涉的个人与社会，二者的关系就是与教育活动关涉的主体的需要与教育活动这一对象性客体的属性之间的关系。从客体主体化的角度来看，教育活动关涉的主体依据自己的需要及目的、主体结构及其规定性，从观念、行为、活动等方面影响、变革、构建教育活动，使得教育活动显现与教育活动关涉的主体的本质、特性等，从而促进与教育活动关涉的主体进步与发展。价值取向是一个社会科学范畴，具体是指某一特定主体在面对矛盾、问题、关系时，基于自身的价值认识所持有的立场、观点、态度，并据此对这些矛盾、问题和关系进行处理方法的选择。教育目的价值观下的教育价值取向包括两个内容。其一，教育目的的理论性和现实性是理论教育价值取向和现实教育价值取向的依据，理论教育价值取向又称"应然教育价值取向"，强调的是教育的长远价值，是一定社会环境之下人们对教育成果的理想假设和教育发展的价值预期；"现实教育价值取向"又称"实然教育价值取向"，是一定社会环境下人们对教育活动现实利益的追求，强调的是教育的现实价值。其二，教育目的的社会性与个体性是社会教育价值取向和个体教育价值取向的依据，社会价值取向强调的是教育的社会价值，着眼于教育活动对整个社会宏观发展过程中的价值实现，强调教育在推动个人社会化中的价值实现；个体价值取向强调的是教育的个人价值，着眼于教育活动在对个人综合素质提升过程中的价值实现，旨在满足个体发展需求②。知识教育价值观衍生出三种教育价值取向，分别为：功利教育价值取向、认知教育价值取向、发展教育价值取向。功利教育价值取向强调教育的实用性，认为教育价值应该在具体应用中加以实现，由此为个人发展创造功利，为整个社会发展创造功利；认知教育价值取向强调的是教育的知识性，认为教育价值应该在继承、传播、发展、创新教育知识、打造更加完备的知识结构和体系的过程中实现价值；发展教育价值取向强调的是教育的发展作用，认为教育价值主要应在对个人、地区、社会以及整个人类文明的长远可持续发展能力培养和塑造中加以实现，关注教育的全面性和长远性。

在中国传统社会里以农业经济为主的社会经济背景形成了"自上而下的皇权政治"和"自下而上的绅权政治"的"双轨政治"形态，"前者是代表国家的正式力量，后者代表民间的非正式力量"。几千年的封建统治表明，传统的乡村教育是

---

① 宋晓华. 农村基础教育价值取向现状分析及理论重构[J]. 教学与管理，2014（9）：4-6.
② 宋晓华. 农村基础教育价值取向现状分析及理论重构[J]. 教学与管理，2014（9）：4-6.

皇权和绅权统治者进行文化统治的基础,其目的在于培养维护其统治基础的顺民。可见,传统的乡村学校教育的价值取向并非是指向人的意识觉醒与知识和真理的发觉。从统治者的角度来看,是基于封建忠孝、礼法的教育进而塑造文化的封建统治。从乡村私塾的教育者来看,主要是以官学为导向,即为科举考试做准备,最高目标就是与官学接轨。对于私塾的学生来说,秀才举人是其现成的榜样。中国古代社会是一个重集体轻个人的社会,学校教育的焦点在于"传道""识字"及封建礼法教育熏陶等,关注的是社会治理,而不是受教育者个体的发展,没有个体的意识,将个体作为社会群体的资产进行安排规划的社会无为治理意识,即一种在相互熟知的经验性社会层面上的乡土重复[1]。经历了一场旷日持久的战争与革命后,中国终于迎来了胜利的曙光。1949年后,中国的社会结构呈现出明显的总体性社会特征。毛泽东等领导人认为,乡村是革命的基地,农民是革命的大众,是人民的忠实分子,教育是革命的利器,必须加快乡村教育的发展,才能实现中国跨越式的发展。1958年9月,中共中央、国务院颁布了《关于教育工作的指示》,这是社会主义教育纲领,后被概括为"三结合""六并举"。之后,伴随着工农业的跃进,教育也出现了大跃进。在教育大跃进中,采取了一种半工半读的学校教育制度和半工半读的劳动制度。在这种制度的影响下,乡村教育的方向与目的是明确的,就是把不能升学的高小毕业生吸收入学、半工半读、勤工俭学,毕业后建设新农村。后来,又有了知识青年上山下乡运动。上山下乡运动执行的是从城市到乡村重心的转移。然而,知识青年的上山下乡是为了接受贫下中农的再教育,去除小资产阶级意识,对乡村及乡村教育只是客观上的而不是主观目的的希冀。因此,这种激进式发展的背后也隐藏着危机。乡村的再次发现是上层的政治行为,而不是一种自觉的发现。教育革命式的"跃进",并没有给乡村教育带来实质的变化,而只是一种量的变更,它满足仅是农民子弟上学的需要,而且由于政策的忽左忽右,知识分子的到来与前一阶段精英分子的自觉行为不同,他们是被迫而来的,而且在他们的内心世界依然有着对城市的无限向往[2]。改革开放后,在以城市化、工业化为核心的现代化追求进程中,城市成为现代化的先导与主体,农村被动地跟随其后。由于我国的工业大都存在于城市,而且城市的政治、

---

[1] 魏登尖,严怡,廖其发.农村教育价值取向:四种历史性转向与反思[A].重庆:西南大学教育科学研究所,2012(5):17-19.
[2] 王玉国.百年乡村教育价值取向及对未来的启示[J].教育学术,2009(11):12-14.

经济、文化水平均有优势，城市更易于现代化的发展。因此，为了实现高效率的现代化发展，国家有意地将资源向城市倾斜。在此阶段的现代化进程中，我国走了一条先城市后农村的道路，城乡发展的巨大差距便是最好的例证[①]。城乡"二元分治"强化农村社会贫困。在城乡二元模式下，城市优先得到发展，城市在经济社会各个方面取得了巨大进步，城市居民早早过上幸福生活，而农村仍然在苦苦挣扎，同时城乡的巨大差异阻抑了人才向农村的流动，绝大多数人为谋取更好的工作、生活条件而奋斗。教育则成为转移农村优秀人才的工具和重要渠道，只要是智力优秀的年轻人，只要通过严格的考试，就可以成为城里人。同时，"追求升学率"的"向城化"运动在农村教育实践中并非是"一帆风顺"的，当农村教育"升学"的教育"宗旨"遇到阻力，效果不明显时，以"升学为目的"的农村教育"城市中心"价值取向则成了"众矢之的"。

在村落的耕读生活中，学校扮演着双重角色：知识的传播者和礼俗的解释者。第一种角色要求乡村学校传授来自庙堂且由其指定的文本。由于文字并非出自民间且服务乡土，这一意义的角色某种程度上确实将学校与乡土相分离。然而，学校的第二种身份一方面将官方文本解读为可执行的礼俗，另一方面努力将其融入到村落文化当中，从而有效地实现了村校结合。"学校是儿童的第二家庭，儿童除掉在家庭里以外就算在学校里的时间最长了。有许多知识技能，要在学校里获得；有许多性格行为，要在学校里形成。所以对于儿童的培育与训练，学校与家庭具有同等的价值，而不可偏废的。"[②]《学记》中指出"建国君民，教学为先"，学校教育对社会而言有强大的道德辐射作用，作为乡村学校，这种辐射作用更为明显，也更为具体。村学扎根于当地的民风、民俗、民情之中，潜移默化地影响着村民的思想观念以及价值体系，也在一定程度上抑制了乡村社会不良风气的产生和扩散。村学具有的道德引领示范功能主要是通过村学的教师和学生实现的。一方面，教师是学校和村民联系的天然纽带，教师的一言一行会影响到村民，实现道德引领示范功能；另一方面，教师向学生传授道德知识，学生将自己学到的关于道德的知识讲给自己身边的村民，进而影响他们的思想观念和价值体系。

学校对于社会具有改造的作用，教育"救国论"就是一种重要的表现，近代

---

① 邬志辉，马青. 中国农村教育现代化的价值取向与道路选择[J]. 中国地质大学学报，2008（6）：58-62.
② 周晔. 村学的社会文化功能及退出影响[J]. 社会科学战线，2017（2）：245-252.

许多知识分子、学者、思想家、教育家，如黄宗羲、严复、陶行知等都对此有重要的论述，都试图通过教育改变国家的落后面貌。在谈及学校教育对社会生活的改造作用时，杜威认为，学校教育的功能主要表现在三个方面。其一，简化社会生活，以便使儿童适应并促进儿童对社会生活的把握。其二，净化社会生活。学校教育的职责不仅在于简化社会生活，以使儿童适应，而且在于尽力排除现存环境中的丑陋景象，以免影响儿童的心理习惯。其三，平衡社会生活。由于儿童生活于不同的社会环境之中，接受的社会生活的影响往往有片面之处，教育就应使儿童生活于一种整体的、全面的、合理的社会生活环境之中。经过教育简化、净化、平衡了的社会生活，就是"改造的社会生活"。我国古代设计学校的教化功能十分明确，学校是地方人才荟萃之所，先贤先圣祭祀之地，举行乡饮酒礼、教习乐舞、表彰孝子节妇的场所，也是公藏图书的地方，总而言之，是本地区文化和精神道德的中心。因此学校不仅是教育机构，而且对本地社区礼仪风尚、民俗道德都负有责任。学校教育的根本职能是在于培育人，通过人才的输送实现其社会功能，当然在这一过程中学校也应积极参与当地的政治、经济、文化等活动。学校既是一种特定的社会组织，也是一个信息场，由人和物组成，人包括教师、学生、村民等，物包括校舍、教材等，特别是一些潜在的课程、校园文化，一些无形的信息流。传统的学校观念赋予学校教书育人的功能，是教师教的舞台、学生学习的场所等，体现了学校的内在功能，目的在于通过改变人来改变社会。在传统观念中的乡村学校，几乎隔绝了乡村学校内外部的沟通，在社会功能的认识与实践中存在许多误区。一是重视学校的个人发展功能，忽视学校的社会发展功能。读书是农民的主要出路，跳出"农门"是农村家长的希望，因此大众就把乡村学校教育的主要目的焦点定位在对于学生个人的发展上，而很少考虑学校在乡村建设中应有的其他作用。二是重视学校的内部建设，忽视学校的外部影响。关起门来搞教育是传统乡村学校普遍存在的问题，教师群体认为把学生教好是他们唯一的任务，是提高学校声誉的唯一途径，而缺少与村民、村民委员会、政府的有效沟通，没有重视学校在乡村中独特的地位与作用。三是重视学校的文化功能，忽视学校的政治经济功能。文化传播的主要途径是教育，乡村学校只注重学校发展的文化意义，而忽视了文化背后隐藏的巨大动力，忽视了学校在乡村村民政治生活中的辅助作用，忽视了学校的社会改造功能。四是重视教师的教书育人功能，忽视教师的参与村民自治的作用。师者，所以传道、授业、解惑也，这是传统观念对教师的认识与界定,是教师的天职,也是大众对教师的认识与定位。然而,这在一定程度上忽视了中国村民社会的国情,忽略了教师参与村民自治对于农村地区村级组织政治活动的影响。五是重视学生的学习成绩,忽视学生的实践活动。乡村学校主要是小学,小学生虽然年纪小,但也不乏创新的能力,在具体的办学过程中,传统的做法往往只重视学生的学业成绩,而极少关注学生的创新能力,极不重视学生参与生产实践对于乡村发展的作用。现在的乡村学校过分注重知识的传授,忽视了学校与外部的关系,没有结合中国农村的实际,造成传统乡村学校功能的弱化:一是传授、学习和延续劳动生产技能和乡村习俗;二是实现国家的意志;三是乡村学校的教育是为了使学生脱离父辈的劳作,脱离乡村,到城市去生活,成为具有城市身份的人;四是乡村学校提供了一条分化的途径,一条从乡村到城市的途径。这种教育只是教学生脱离生产生活实际,无益于人自身和社会的发展[①]。

二、基础教育本质应该包含文化性和时代性

文化和教育自诞生之日起就形成了密不可分的关系,文化构成了教育的内容,教育是文化的一种"生命机制",文化的传承离不开教育[②]。学校作为教育机构,它具有多方面的职能,其中最重要的一项职能就是发扬人类的文化。"人是文化的创造者,同时又是文化的传递者、使用者、保守者,人类生活的文化,因人而表现,而存在,而绵延,而发扬光大。文化的价值附丽于人类的活动,人类的一切行为,都是表演文化的活动,社会环境,也就是文化的环境,文化是人类创造的事物,社会环境的改进,社会的进步,亦就是文化的发展,社会服务的目的,在于增进人类的生活,改善社会的环境,因此必然的它的目标,也就是光大人类生活的文化。"

从教育价值和教育功能看,基础教育的时代性应该与基础教育的基础性相提并论。今天的学生面临急速变化的未来,在 2011 年有人说,2011 年产生的数据量超过有记载以来产生数据的综合,最保守的估计,在未来三年内产生的数据量

---

① 蔡剑兴. 乡村学校的社会功能定位思考[J]. 福建陶研,2006(03-04):36-38.
② 王乐. 村落文化的传承与乡村学校的使命[J]. 湖南师范大学教育科学学报,2016(06):26-32.

将超过人类自结绳记事以来数千年的总和①。这里我们还要计算，目前的初中学生，就算初三的学生，到他们就业的时候还有几年？数据变化这么大，会带来多少变化？可以说无法预知，很多产品、很多产业都可能要消亡，对人才的需求也将发生巨大变化。美国哈佛大学教授 Frank Levy 和 Richard Murnane 去年曾发表研究报告《与机器人共舞》②（dancing with robots），其中研究了近半个世纪美国社会的工作机会变化，结果发现那些"非弹性"的工作消失最快。这份报告把工作分成了五大类型。① 信息处理：获取或解读信息，用以解决问题、做出决策。② 解决弹性问题：比如，医生诊断病情、厨师开发菜谱。③ 弹性手工：不容易被规范化的劳动工作，如卡车司机。④ 非弹性手工：有一定规律可循的劳动工作，如，生产在线的包装。⑤ 非弹性认知：有一定规律可循的认知工作，如，计算税收。

研究发现，过去半个世纪（1960-2009），前三类工作的需求不断上升，后两类则在快速消失。报告认为，人类心智的优势在于"弹性"——能处理、整合不同的信息并做出判断，从分析财报到品尝味道，莫不如是。而计算机的优势则在于速度和正确性，而非弹性③。在这样的情况下，基础教育的目的是什么？从原来的什么知识最重要可能要升级为什么素质什么能力更重要了。

三、大数据时代下的基础教育

"大数据"是十分流行的热点关键词，有学者指出大数据时代的到来，让所有社会科学领域能够借由前沿技术的发展从宏观群体走向微观个体，让跟踪每一个人的数据成为了可能，从而让研究"人性"成为了可能，而对于教育研究者来说，将比任何时候都更接近发现真正的学生。④也有学者认为大数据技术将渗透到教育的核心环节，重构教育的评价方式，革新教育者的教学思维，为教育发展增加预测性判断，影响学校教育的模式。⑤邵光华，卢萍以中国人民大学报刊复印资料《中小学教育》转载论文为样本，透视了当前基础教育研究热点，发现基础教

---

① 伍兴艳. 网络存储自动化测试平台的设计与实现[D]. 成都：电子科技大学，2009.
② [美] 约翰·马尔科夫. 与机器人共舞[M]. 郭雪译. 杭州：浙江人民出版社，2015.11.
③ [美] 约翰·马尔科夫. 与机器人共舞[M]. 郭雪译. 杭州：浙江人民出版社，2015.11.
④ 张韫. 大数据改变教育——写在大数据元年来临之际[J]. 中小学教育，2013（8）：29-32.
⑤ 喻长志. 大数据时代教育的可能转向[J]. 中小学教育，2013（10）：3-6.

育研究重点关注了教育均衡、异地高考、大数据、普通高中多样化发展、教师专业发展、课改反思、教学探讨等方面的内容。①

大数据包括数据的结构形式、数据的规模和数据的处理技术。大数据的学习资源库囊括了各学科、各专业、各类型的海量资源，是一个综合型教学资源仓库，它一方面能保障学习资源库资源的完整性，通过数据分析，有助于开展"个性化自适应"式学习资源服务，另一方面能提高对学习资源库的数据分析的实用性，有助于引导使用者的教学、科研活动。②大数据促进了信息化教学变革，生成了新的资源观、教学观和教师发展观。新资源观是指变教师上课资源为学生学习资源；新教学观是指信息化教学前移；新教师发展观是指新素养、新"微格"、新职能——转型呼之欲出。大数据变革信息化教学表明，一个信息化教学创新的时代已经到来，信息化教学前移就是云计算和大数据时代的信息化教学在基础教育领域的创新与发展。它将唤起人们关于改革畸形高考方式的紧迫性的思考，推动"教师为中心"的教学方式向"学生为中心"的教学方法转变，推动"演员型"教师向"导演型"教师转型。③

大数据变革思维方式和工作方式，为信息化教学变革创造了现实条件，翻转课堂、MOOC 和微课程就是大数据变革教育的第一波浪潮。

翻转课堂起源于美国，有两个差不多同时启动的经典范本。一个源于科罗拉多州林地公园高中两位科学教师的探索，还有一个源于孟加拉裔美国人萨尔曼·汗的实验。两个范本都采取让学习者在课前学习教学视频，在课堂上完成作业、工作坊研讨或做实验的方式。教师则在学生做课堂作业遇到困难的时候给予他们一对一的个性化指导。结果，学生成绩得到显著提高，学习信心得到极大增强，学生、家长和教师的反馈都非常肯定。……萨尔曼·汗发现了产生"学困生"的真实原因，在传统教学模式环境中，学生经历听课、家庭作业、考试，无论得 70 分还是 80 分，得 90 分还是 95 分，课程都将进入下一个主题。即使得到 95 分的学生，也还有 5 分的困惑没有解决。在原有的困惑没有解决的情况下，建立下一个概念将增加学生的困惑。那种只管要学生快速向前，而不管他们面临的"瑞士奶酪式

---

① 邵光华，卢萍. 我国基础教育研究热点透视与趋势展望[J]. 宁波大学学报（教育科学版），2014（6）：50-55.
② 张吉先，单永刚，虞江锋，等. 大数据环境下学习资源元模型的研究与应用[J]. 中国电化教育，2015（9）：71-76.
③ 金陵. 大数据与信息化教学变革[J]. 中国电化教育，2013（10）：8-13.

的保证通过原有基础继续建构的间隙"的传统教学模式,其效果适得其反。

受翻转课堂"用视频再造教育"的启发,2012年,MOOC(Massive Open Online Course,大规模开放在线课程)开始井喷,领军的三驾马车是源于斯坦福的Coursera、Udacity以及由麻省理工学院与哈佛大学联合创办的edX。与MOOC一样,微课程灵感来源于可汗学院的反转课堂试验。利用微课程资源,学生可以在家自主学习。如果学有困惑,可以暂停、倒退、重放,方便个性化地达成学习目标。实在不能解决的问题,就记录下来,方便教师提供指导。在课堂上则可以通过作业、实验、工作坊等活动内化所学知识,很有翻转课堂中国化的味道。微课堂灵感还与视觉驻留规律有关。一般人的注意力集中的有效时间在10分钟左右。[1]

随着互联网技术的普及,信息技术向教育领域的快速融合正在引发一场教育革命,MOOC拉开了这场革命的序幕,其变革的内容不仅包括教学方式,还有组织模式和商业模式。这种多维度的综合变革将打造全新的教学模式和教育组织模式,实现对教育"革命性的变革"。MOOC的出现和快速向全球推进,有深刻的技术背景和复杂的社会动因。其一,互联网技术、信息技术日新月异的发展变化为MOOC提供了强大技术支撑。互联网、移动通讯追求全球覆盖、无缝对接,MOOC将随互联网的普及而普及,随移动通信的延伸而延伸,随网络功能的拓展而加速向全球化和体系化扩展。其二,人们对教育创新的期盼催生了"MOOC"加速发展。随着世界技术革命的兴起和人类社会的文明进步,公民对教育的要求越来越高,渴盼早日打破传统教育模式的资源紧缺和利益固化局面,而MOOC使公民对分享优质教育和普惠教育的要求由"永远在路上"变成眼见为实的红利。其三,颇受诟病的教育体制机制为MOOC破茧成蝶提供了机遇。教育改革滞后,机制顽疾拖累造成的办学模式固化、校际壁垒分明、社会参与度低、学校治理乏力、学校教育与社会需求脱节等,积累了政府与学校,学校与社会、家长的诸多矛盾,都为MOOC的迅速拓展提供了空间。其四,各国政府、教育主管部门、高等学校、大学教师的高度重视助推了MOOC的快速发展。美国、加拿大以及欧洲等已经出台相关应对策略,世界著名大学已建立MOOC联盟,我国许多高校正在迅速参与跟进。所有参与跟进和应对政策都是参照MOOC已形成或正在创建的在线认证模式强化教学管理,虽由"倒逼"产生,却恰恰加速了MOOC的推进速度,其结果势必弱化各国教育边界,形成趋于统一的教育教学机制和办学模式。

---

[1] 金陵. 大数据与信息化教学变革[J]. 中国电化教育, 201310: 8-13.

2014年被称为深化教育领域综合改革元年,十八届三中全会提出的"义务教育均衡化、招考制度多元化、职业教育现代化"等三大改革任务全面启动。8月教育部印发《义务教育学校管理标准(试行)》,教育部、财政部、人力资源和社会保障部印发《关于推进县(区)域内义务教育学校校长教师交流轮岗的意见》,提出力争用3至5年时间实现县(区)域内校长教师交流轮岗的制度化、常态化,率先实现县(区)域内校长教师资源均衡配置。5月国务院印发《关于加快发展现代职业教育的决定》,要求积极推进学历证书和职业资格证书"双证书"制度,开展校企联合招生、联合培养的现代学徒制试点;6月教育部等六部门印发《现代职业教育体系建设规划(2014—2020年)》;8月教育部发布《关于开展现代学徒制试点工作的意见》,指出招生与招工一体化是开展现代学徒制试点工作的基础,要求各地积极开展"招生即招工、入校即入厂、校企联合培养"的现代学徒制试点。尤其一提的是高考制度改革,9月,国务院印发《关于深化考试招生制度改革的实施意见》;12月,教育部公布《关于普通高中学业水平考试的实施意见》《关于加强和改进高中学生综合素质评价的意见》两个配套文件,以及对高考加分和高校自主招生的重新规范。改革以进一步促进教育公平,提高科学选拔水平为核心,被视为恢复高考以来最全面最系统的一次考试招生制度改革。

在这样的形势下,加强教师的现代化意识培养,从原来的单一讲课考评到说课、讲课、反思三维训练显得非常紧迫。说课的对象是专家,说的是现代教育理论;讲课的对象是学生,讲的是人才培养目标的达成度;反思的对象是自己,是问题导向,坚持的是可持续发展与持续改进。查建华校长工作室的重点工作之一就是开展说讲思训练。

《可贵的沉默》

人教版小学语文三年级下册第17课

一、教学设计(第一课时)

(一)教学目标

(1)认识"蕴、霎、稚、拙"等生字,理解"不约而同"等词语。

（2）初步把握课文主要内容，有感情地朗读三处描写"热闹"的句子。

（3）学习"抓住关键词句提出疑问"的阅读策略，读懂作者因孩子们学会感受爱、懂得表达爱而快活的心情。

（二）教学重难点

学习"抓住关键词句提出疑问"的阅读策略，读懂作者因孩子们学会感受爱、懂得表达爱而快活的心情。

（三）教学准备

学生用书、教学PPT。

（四）教学过程

1. 设疑引入揭示课题

孩子们，在刚才的交流中，我发现聊到你们的生日时，个个都很开心，都有说不完的话。可在王圣民老师的课堂上，聊到爸爸妈妈的生日时，有一群孩子却沉默了，是什么原因呢？让我们一起走进王老师的这篇课文，请齐读课题：可贵的沉默。

设计意图：本文是上海市美育特级教师王圣民的一篇叙事散文。承接课前谈话教师提出疑问，暗合课文思路，揭示课题的同时激发学生阅读期待。

2. 初读课文整体感知

（1）自读课文。

提示：① 自由朗读课文，读准字音，读通句子；② 想一想，课文主要写了什么？

（2）检测字词。

① 抽测字音：蕴藏　稚拙
② 抽读词语：霎时　沉默　蕴藏　寂然无声
　　　　　　烦恼　稚拙　七嘴八舌　不约而同
　　　　　　热闹　祝贺　异口同声　左顾右盼

（3）初步把握主要内容。

结合课文内容，选择3个恰当的词语填在下面的横线上。

课堂上，上课时，当老师问：爸爸妈妈知道你的生日并向你祝贺吗？教室里一片_____；当老师问：有谁知道爸爸妈妈的生日并祝贺的？同学们一片_____；当老师问：怎样才能知道爸爸妈妈的生日呢？教室里一片_____。

学生汇报，教师板书：热闹—沉默—热闹。

设计意图：叙事散文记录的是作者在过去某一段时间空间里见闻的过程，即作者的经历。阅读叙事散文就应该首先了解作者所见所闻的过程。本环节设计试图体现课文的文体特征，体现第二学段"能初步把握文章的主要内容""能复述叙事性作品的大意"的阅读要求。

3. 再读课文提出疑问

过渡：作者就是这样，在一次次地提问中，看到孩子们截然不同的反应，自己的情绪也随之发生变化，给我们生动地再现了当时的情景。

（1）请孩子们默读课文，用"——"勾画出自己读不懂的句子。

生默读勾画，教师巡视指导。

学生汇报。

设计意图：阅读散文不仅要感受作者的所见所闻，还要体认作者的所思所感。对于三年级孩子来说，感悟王圣民老师在那堂课上的所见所闻非常容易，但是体认她在那堂课上的所思所感就比较困难了。基于这样的文本分析和学情考量，本环节设计抓住"这一篇"散文的特质，引导学生细读文本，聚焦描写作者情绪变化的语句，体味作者精准的言语表达，分享作者在日常生活中感悟到的人生经验，增长语文经验。

（2）学习"抓住关键词提出疑问"的阅读策略，理解不懂的句子。

① 学习提问。

过渡：古人说，学贵有疑，小疑则小进，大疑则大进。遇到不明白的地方要善于提问，怎么提呢？

【难句一】我想去寻找蕴藏在他们心灵深处的、他们自己还没有意识到的极为珍贵的东西。

A. 抓住文中"泡泡话"学习提问。

B. 学着这样，你还可以提出哪些问题？

预设："意识到"的是什么？"没有意识到的"是什么？

C. 仔细默读课文，联系上下文解决问题。

预设："意识到的"是父母的爱。"没有意识到的"是要回报父母的爱。

小结：抓住句子中的"关键词"提出"是什么"的问题，联系上下文就解决了问题。

设计意图:《义务教育语文课程标准》(2011年版)第二学段目标与内容指出:"能对课文中不理解的地方提出疑问。"此环节设计利用文中的"泡泡话"引导学生学习"抓住关键词提出疑问,联系上下文解决问题"的阅读方法。

② 合作提问。

过渡:在老师的追问中,这群孩子看似沉默,其实内心并不平静,所思、所想毫无掩饰地流露于那满脸犯了错误似的神色之中。

【难句二】沉默了足足一分钟,我悄悄地瞥了一下这些可爱的孩子们——他们的可爱恰恰在那满脸的犯了错误的神色之中。

A. 组内提问。

预设:"犯了错误"的孩子们是什么样的? "为什么犯了错误"还可爱?

B. 汇报交流,借助课文插图解疑。

小结:抓住句中的"关键词"不仅可以提"是什么"的问题,还可以提"为什么"的问题,借助课文插图同样能读懂不明白的句子。

C. 引读"教师的建议"部分。

a. 比较阅读,理解"不约而同",体会作者用词的准确。

b. 指导有感情地朗读描写"热闹"的句子,感受作者情绪的变化。

设计意图:理解得再好,不会用,就无效,甚至无用,只有实践以后才能真正将知识转化为技能,才能真正掌握方法,学会策略。此环节设计就是在学生理解"如何提问"的基础上提供一个机会让学生去实践。三年级的孩子实践起来很难,所以采用小组合作提问的方式进行阅读实践。

③ 自主提问

过渡:在孩子们异口同声的回答中,老师知道这群孩子已经感受到了父母的爱;在孩子们七嘴八舌的讨论中,老师知道这群孩子已经在思考怎样回报父母的爱了;在家长们不约而同的交谈中,老师知道这群孩子已经向父母表达爱了。

【难句三】啊,我真快活!这一片沉默给了我多大的享受啊!

A. 自主提问。

预设:为什么说这一片沉默给了我很大的享受?

B. 交流解疑。

在这一片沉默中,孩子们懂得了……

家长们收获了……

老师收获了……

这一片沉默的作用很大很大,所以是(可贵的沉默)。

这一片沉默的感情很深很深,所以是(可贵的沉默)。

设计意图:让学生由自主质疑到交流解疑,引领文眼与题眼对应阅读,从"这一片沉默"导向课题"可贵的沉默",使学生明白这一片"沉默"的可贵,体会到课题的含义。

4. 课堂小结延伸课外

(1)课堂小结。

(2)布置拓展阅读。

设计意图:语文是一门实践性课程,阅读教学应该以策略为导向,以实践为基础。本节课聚焦作者王圣民情感变化的语句,设计三个语言实践活动,让学生学习"抓住关键词句提出疑问"的阅读策略,走进语言文字,走进作者内心,读懂作者因孩子们学会感受爱、懂得表达爱而快活的心情。学习"一篇"文章,目的是让学生能自觉将学习的经验运用于"一类"文章的阅读中去。

(五)板书设计

17 可贵的沉默

热闹——沉默——热闹

感受爱——思考爱——表达爱

设计意图:作者思有路,遵路识斯真。本课板书力求"遵路""尊学",设计三条线。即,内容线:热闹——沉默——热闹;情感线:感受爱——思考爱——表达爱";方法线:"是什么""为什么"。

二、课堂教学实录

(一)课前谈话

师:孩子们,初次见面,老师先向你们作个自我介绍吧!(点击课件)

生:观看。

师:都了解了我的哪些信息?

生:姓名、学校。

师:认识我了吧。可我还不认识你们呢!谁能向我和现场所有的老师们介绍一下自己?

生:……

师：喜欢你洪亮的声音；喜欢你甜甜的微笑；喜欢你自信的模样……

师：谁愿告诉我你的生日在哪一天呢？

生：一起说。

师：爸爸妈妈知道你的生日在哪一天吗？（知道）生日那天向你们祝贺吗？（祝贺）肯定有很多的礼物吧！

师：瞧瞧！聊到你们的生日，个个都很开心，都有说不完的话。带着开心的心情一起走进我们今天的课堂。（点击课件）

（二）教学过程

1. 设疑引入揭示课题

师：孩子们，在刚才的交流中，我发现：聊到你们的生日时，你们很开心，有说不完的话。可在王圣民老师的课堂上，聊到爸爸妈妈的生日时，有一群孩子却沉默了，是什么原因呢？这节课让我们一起走进王老师的这篇课文，第17课《可贵的沉默》。

生：齐读课题。

2. 初读课文整体感知

师：请孩子们打开语文书，（点击课件）自由读课文，注意：读准字音，读通句子。读完思考：课文主要写了什么？

生：自由读文。

师：你们读得很认真，肯定和生字词语交上朋友了。（点击课件）考考你。请你给这两个词语选择正确的读音，用手势表示。

生：手势。

师：第一个词语，你们的选择是？

生：蕴藏。

师：正确。准确地读出这个词语。第二个呢？

生：稚拙。

师：厉害呢！读出来。

师：把这两个词语准确地读出来。

生：齐读词语。

师：最难的两个都能准确地认读。（点击课件）这些一定没问题了！第一行……字音准确，声音洪亮。第二行……"霎时"一词的翘舌音准确而响亮。第三行……

"烦恼"一词中的"恼"字的鼻音特准确。一起读读所有的词语。

师：词语都读准确了。课文主要写了什么呢？请孩子们看到课后的这段话填一填，（点击课件）结合课文内容，从认读的词语中选择三个恰当的填在横线上，再读一读。

生：填一填。

师：选了哪三个词语？请你读出这段话。（点击课件）

师：和他选择相同的孩子请骄傲地举起你的小手！真能干！课文就是这样：先写了在孩子们异口同声的回答中教室里非常的（热闹）[板书]；接着写了教室里寂然无声，孩子们一片（沉默）[板书]；最后在孩子们七嘴八舌中教室里又变得（热闹）[板书]起来。

3. 再读课文提出疑问

师：作者在一次次的提问中，看到孩子们截然不同的反应，便写下了这篇课文。接下来，请孩子们默读课文（点击课件），边读边用横线勾画出自己读不懂的句子。

生：默读勾画。

师：都勾画了哪些读不懂的句子呢？

生：……

师：除了这三个地方，刚才巡视的时候还发现有些孩子也勾画了其他的句子。别着急，只要读懂了这三处，其余的都能迎刃而解。我们先来看第一处。（点击课件）

师：请孩子们齐读这句话。古人说：学贵有疑，小疑则小进，大疑则大进。遇到不明白的地方，我们要善于提问。怎么提呢？请看第10自然段的泡泡话。（点击课件）

师：是在这句话中的什么地方提问的？

生：是在"极为珍贵的东西"这个地方提问的。

师：提了什么问题呢？

生："这极为珍贵的东西是什么？"

师：是的，看到"极为珍贵的东西"这个关键词，就提出了这个"是什么"的问题。再看句子中的这个关键词（意识到的），你能学着这样提出"是什么"的问题吗？

生："意识到的"是什么？

师：疑而敢问，为你点赞！这个关键词呢？（没有意识到的）

生："没有意识到的"是什么？

师：原来，我们可以抓住句子中的一些关键词，提出"是什么"的问题。孩子们，我们不仅要会提问题，还要能解决问题。"意识到的"是什么呢？我们来联系上文，请孩子们默读课文1~9自然段并思考。

生：默读。

师："意识到的"是什么呢？

生："意识到的"是父母的爱。

师：从1~9自然段哪个地方能知道？

生：爸爸妈妈知道自己的生日是哪一天，都送礼物……

师：爸爸妈妈知道他们的生日，都向他们祝贺生日。这就是爸爸妈妈对他们的爱。

是啊，他们意识到了爸爸妈妈的爱，所以他们……

师：联系上文，我们知道这群孩子已经意识到了父母的爱。可作者认为孩子们会感受爱了，还远远不够，还要去寻找他们"没有意识到的东西"。到底是什么呢？我们联系下文，请孩子们默读课文11~13自然段并思考。

生：默读段落。

师：是啊，当老师问：向爸爸妈妈祝贺生日的请举手。此时教室里寂然无声……

师：在这沉默中，孩子们在想些什么呢？

生：爸爸妈妈的生日在哪一天……

师：看来这群孩子已经在沉默中思考怎样回报父母的爱了。这就是作者寻找的那极为珍贵的东西。

生：读句子。

师：抓住句子中的关键词，提出是什么的问题，通过联系上下文就能解决问题，读懂不明白的句子。

师：在老师的追问中，这群孩子看似沉默，其实内心并不平静，所思所想毫无掩饰地流露于那满脸犯了错误似的神色之中。

生：读句子。

师：有很多孩子这个地方也没读懂，现在就用上刚才的学习方法，小组合作学习，抓住句子中的关键词提出问题。

生：小组合作提出问题

师：都提出了哪些问题呢？

生："犯了什么错误？""为什么犯了错误还可爱？"

师：你们真是一群勤于动脑、善于思考的孩子，我们刚才提的都是"是什么"的问题，你们从不同的角度提出了为什么的问题。为你们点赞！

师：犯了错误的孩子们是什么样子的？请看插图：有的……

师：这个样子的孩子们可爱吗？

生：不可爱。

师：可爱的是？

生：他们知道自己犯了错误……

师：嗯。爸爸妈妈知道他们的生日吗？向他们祝贺吗？（知道，祝贺）他们知道爸爸妈妈的生日吗？祝贺吗？（没有）

师：他们觉得自己做得不好，心里很？

生：不好意思、愧疚、惭愧。

师：所以老师才说……

师：抓住句子中的关键词，不仅可以提出"是什么"的问题，还可以提出"为什么"的问题，借助课文插图也能解决问题，读懂不明白的句子。

师：为了让孩子们向父母回报爱，结束这堂课的时候，老师向孩子们提了个建议。（引读句子）

生：读句子。

师：孩子们用了哪些稚拙的礼物向爸爸妈妈表达爱的？

生：读句子。

师：一点小小的进步；一句简单的祝福；一份粗糙的礼物；一丝贴心的安慰；一个暖心的举动。就是这样一些稚拙的礼物，让爸爸妈妈在家长会上激动不已，没有事先商量都在说孩子们对自己的爱。这就是"不约而同"。

师：从爸爸妈妈不约而同的交谈中，我们能感受到他们很欣慰，很开心。教室里很热闹，课文这两处也写了教室里的热闹。女生读第一句，男生读第二句。

师：第一句中哪里能感受到教室的热闹？

生：异口同声。

师：你们的爸爸妈妈知道你们的生日吗？知道。

师：像这样，你说知道，你说知道，你们这么多人的嘴巴都在说同一句话，就是"异口同声"。让我们异口同声地读出教室里的热闹。

生：齐读。

师：第二句又从哪里能感受到教室里的热闹？

生：七嘴八舌。

师：七嘴八舌地说了什么？

生：送什么礼物给爸妈……

师：他在说，他在说，他也在说，可他们说的话不一样，就是七嘴八舌。

师：从孩子们异口同声的回答中，老师知道这群孩子已经感受到了父母的爱；从孩子们七嘴八舌的讨论中，老师知道这群孩子已经在思考怎样回报父母的爱了；从家长们不约而同地交谈中，老师知道这群孩子已经向父母表达了爱。所有王老师在课文的结尾发出这样的感叹：啊，我真快活！这一片沉默给了我多大的享受啊！

师：刚才在交流时，有很多孩子这个地方也读不懂。抓住句子中的关键词提出问题。（"这一片沉默给了我多大的享受啊！"）

生：为什么说这一片沉默给了我多大的享受？

师：疑而能问，已得知识之半。都想提这个问题的孩子举手示意一下。要解决这个问题还得联系全文想想。

生：因为在沉默中孩子们知道了要回报父母的爱……

师：你们能自主解疑，大赞！是啊，因为在这一片沉默中，孩子们懂得了（回报爱），家长们收获了（孩子的关爱），老师收获了教育的成功，看到了孩子们的成长与进步。所以老师才说"这一片沉默给了我多大的享受啊！"

师：孩子们，这一片沉默的作用很大很大，所以是"可贵的沉默"。

这一片沉默的感情很深很深，所以是"可贵的沉默"。

4. 课堂小结延伸课外

师：作者把课文的题目叫做《可贵的沉默》，其实就是想让孩子们在感受爱的同时，还要学会表达爱。这节课我们抓住关键词提出了"是什么""为什么"的问题，通过联系上下文，借助课文插图就解决了问题，读懂了不明白的句子，更读懂了作者因孩子们的进步而快活的心情。课后运用这样的方法，去享受更多爱的故事。

师：孩子们，你们课堂上的表现同样给了我很大的享受。谢谢孩子们！

用阅读策略增值阅读课堂

——《可贵的沉默》评课稿

一、教材简析

《可贵的沉默》是人教课标版六年制小学课标实验教材第六册第五单元中的一篇精读课文。课文以课堂教学进程为线索；以师生对话交流为主要形式；以孩子们情绪变化为描写的主要内容，即由兴奋、快乐到沉默，又从沉默渐渐回到热闹。学习这篇课文目的是在深入领会课文内容的基础上，让学生在潜移默化中受到关心父母、回报父母爱的教育，学会关心别人。

二、教学点评

本课时教学目标：①认识"蕴、藏、稚、拙"等生字，理解"不约而同"等词语；②初步把握课文主要内容，有感情地朗读三处描写"热闹"的句子；③学习"抓住关键词句提出疑问"的阅读策略，读懂作者因孩子们学会感受爱、懂得表达爱而快活的心情。总的来说，课堂教学较好地达成了教学目标。具体表现在以下几个方面：

（1）准确把握文体特点。

本文是上海市美育特级教师王圣民的一篇叙事散文。叙事散文一般写作者的所见所闻、不尚虚构，有真实的、外在的言说对象，这是叙事散文的特质之一：真事。作者借助这些"外在的、真实的"言说对象来叙写自己独特的情感认知、人生感悟，这是叙事散文的特质之一：真情或者真思。

叙事散文的教学要由真事入真情或者真思。叙事散文记录的是作者在过去某一段时间空间里见闻的过程，即作者的经历。阅读叙事散文就应该首先了解作者所见所闻的过程。真事在整体把握阶段可以达成，这一环节设计试图体现课文的文体特征，体现第二学段"能初步把握文章的主要内容""能复述叙事性作品的大意"的阅读要求。

阅读散文不仅要感受作者的所见所闻,还要体认作者的所思所感。对于三年级孩子来说,感悟王圣民老师在那堂课上的所见所闻非常容易,但是体认她在那堂课上的所思所感就比较困难了。基于这样的文本分析和学情考量,本环节设计抓住"这一篇"散文的特质,引导学生细读文本,聚焦描写作者情绪变化的语句,体味作者精准的言语表达,分享作者在日常生活中感悟到的人生经验,增长语文经验。

真情或者真思要话题切入,引发思考。基于这样的认识,执教者在课前谈话部分和学生聊天的话题是"生日",因此开课就问:"孩子们,在刚才的交流中,我发现聊到你们的生日时,个个都很开心,都有说不完的话。可在王圣民老师的课堂上,聊到爸爸妈妈的生日时,有一群孩子却沉默了。这是什么原因呢?"这样独具匠心的设计,既承接课前谈话教师提出疑问,暗合课文思路,揭示课题的同时又激发学生阅读期待。

(2)紧扣学段目标。

小学语文新课标中对阅读教学二学段的目标是这样定位的:"能对课文中不理解的地方提出疑问。能联系上下文,理解词句的意思,体会课文中关键词句在表情达意方面的作用。能初步把握文章的主要内容,体会文章表达的思想感情。"以上三者之中,以"抓住关键词提出疑问,联系上下文解决问题"的阅读方法为重点。这样做的依据是《义务教育语文课程标准》(2011年版)第二学段目标与内容指出:"能对课文中不理解的地方提出疑问。"此环节设计利用文中的"泡泡话"引导学生学习"抓住关键词提出疑问,联系上下文解决问题"的阅读方法。

(3)运用适宜阅读策略。

本篇课文是一篇叙事性散文,三年级的孩子最难理解的就是作者情感体验的部分。古人说,学贵有疑,小疑则小进,大疑则大进。遇到不明白的地方要善于提问,怎么提呢?教师利用文中的"泡泡话",抓住难句"我想去寻找蕴藏在他们心灵深处的、他们自己还没有意识到的极为珍贵的东西。"中的关键词"意识到的""没有意识到的"来提出"是什么"的问题,引导学生联系上下文来解决问题。旨在教学生利用文中的"泡泡话"学习"抓住关键词提出疑问,联系上下文解决问题"的阅读方法。

在学生会提出"是什么"的基础之上,教者利用难句"沉默了足足一分钟,我悄悄地瞥了一下这些可爱的孩子们——他们的可爱恰恰在那满脸的犯了错误的神色之中。"让学生在抓住关键词"犯了错误的神色"提出"是什么"的问题，还要提出"为什么"的问题（为什么犯了错误的神色还可爱？），并且学会联系课文插图和生活实际来解决问题。

我们的课堂教学中，学生理解得再好，不会用，就无效，甚至无用，只有实践以后才能真正将知识转化为技能，才能真正掌握方法，学会策略。这样的设计旨在学生理解"如何提问"的基础上提供一个机会让学生去实践。三年级的孩子实践起来很难，所以采用小组合作提问的方式进行阅读实践。

语文是一门实践性课程，阅读教学应该以策略为导向，以实践为基础。本节课聚焦作者王圣生情感变化的语句，设计三个语言实践活动，让学生学习"抓住关键词句提出疑问"的阅读策略，走进语言文字，走进作者内心，读懂作者因孩子们学会感受爱、懂得表达爱而快活的心情。学习"一篇"文章，目的是让学生能自觉将学习的经验运用于"一类"文章的阅读中去。

（4）用阅读策略带动课文内容。

学习"抓住关键词句提出疑问"的阅读策略是本课的核心内容，体现语文教学工具性的一面。那么如何体现语文教学人文性的一面？必须立足语言文字。语言文字是情感的载体，情感是语言文字的内蕴，要使语言文字训练与情感熏陶融为一体，须引导学生入其境、通其心、感其情，朗读是较好的抓手。本课的朗读指导老师并不做"轻重缓急"的机械指导，而是让学生自己在情境中通过对重点词语的感悟，酝酿朗读心境，进行感情朗读。执教者通过比较阅读，理解"不约而同"，体会作者用词的准确。指导有感情地朗读描写"热闹"的句子，感受作者情绪的变化。在指导朗读的过程中，与学生已有的情感体验相联系，教师不仅让孩子理解了内容，语文教育的人文性也得到了很好的体现。在这里，阅读策略的实践运用带动了课文内容的理解，或者说阅读策略与课文内容始终水乳交融。

因此，用阅读策略带动阅读内容是这节课的明显特质，即把学习"这一篇"文章的经验运用于"这一类"文章的阅读中去。这样长期坚持，阅读课堂教学必能不断增值。

第四章 核心素养视角下的基础教育本质

一、核心素养的内涵

关于核心素养问题,是最近几年比较热的一个词汇,源于(确切说是强化于)2014年《教育部关于全面深化课程改革落实立德树人根本任务的意见》,在该文件中明确了下一步的工作任务:研究制订学生发展核心素养体系和学业质量标准。要根据学生的成长规律和社会对人才的需求,把对学生德智体美全面发展总体要求和社会主义核心价值观的有关内容具体化、细化,深入回答"培养什么人、怎样培养人"的问题。教育部将组织研究提出各学段学生发展核心素养体系,明确学生应具备的适应终身发展和社会发展需要的必备品格和关键能力,突出强调个人修养、社会关爱、家国情怀,更加注重自主发展、合作参与、创新实践。研究制订中小学各学科学业质量标准和高等学校相关学科专业类教学质量国家标准,根据核心素养体系,明确学生完成不同学段、不同年级、不同学科学习内容后应该达到的程度要求,指导教师准确把握教学的深度和广度,使考试评价更加准确反映人才培养要求。各级各类学校要从实际情况和学生特点出发,把核心素养和学业质量要求落实到各学科教学中。

2016年2月22日中国教育学会发布了征求对《中国学生发展核心素养(征求意见稿)》意见的通知,学生发展核心素养,是指学生应具备的、能够适应终身发展和社会发展需要的必备品格和关键能力,综合表现为9大素养,具体为社会责任、国家认同、国际理解;人文底蕴、科学精神、审美情趣;身心健康、学会学习、实践创新。[①]我们把中国教育学会的研究结果总结为三个方面九个要素25个观测点,25个观测点是:诚信友善、合作担当、法治信仰、生态意识、国家意

---

① 中国教育学会关于征求对《中国学生发展核心素养(征求意见稿)》意见的通知(学会发〔2016〕16号)

识、政治认同、文化自信、全球视野、尊重差异、人文积淀、人文情怀、崇尚真知、理性思维、勇于探究、感悟鉴赏、创意表达、乐学善学、勤于反思、数字学习、珍爱生命、健全人格、适性发展、热爱劳动、批判质疑、问题解决。

我们有一点不理解，在非常火热的讨论中，很少谈到到底什么是核心素养？核心素养应该包括哪些内容？有的研究者提出了这个问题，但是回答的并不具体。

关于哪些素养是核心素养，DeSeCo 项目团队认为，首先，核心素养是对每个人都具有重要意义的素养，并且这些素养是能够发展与维持的。其次，核心素养是帮助个人满足各个生活领域（包括家庭生活、工作、政治领域、卫生领域等）的重要需求并带来益处的素养。最后，核心素养是有益于实现预期结果的素养。核心素养必须有价值且可产生经济与社会效益，即实现个人的成功和社会的良好运行。在此基础上，DeSeCo 项目团队明确了核心素养的内涵：覆盖多个生活领域的，促进成功的生活和健全的社会的重要素养。[1]基础教育界所称"核心素养"的内涵可以从三个层次上来把握：最底层的"双基指向"，以基础知识和基本技能为核心；中间层的"问题解决指向"，以解决问题过程中所获得的基本方法为核心；最上层的"科学（广义）思维指向"，指在系统的学习中通过体验、认识及内化等过程逐步形成的相对稳定的思考问题、解决问题的思维方法和价值观，实质上是初步得到认识世界和改造世界的世界观和方法论。[2]

二、核心素养的培养：基础教育的逻辑起点

逻辑起点是指研究对象（任何一种思想、理论、学说、流派）中最简单、最一般的本质规定，构成研究对象最直接和最基本的单位。逻辑起点是一个理论的起始范畴，往往以起始概念的形式来表现。它必须具备以下四个要件：其一，有一个最基本、最简单的质的规定；其二，此逻辑起点是构成该理论的研究对象的基本单位；其三，其内涵贯穿于理论发展全过程；其四，其范畴有助于形成完整的科学理论体系。教育改革到底向何处去？教育似乎总是在左右摇摆中艰难前进：赫尔巴特的传统教育学以教师和知识为中心，杜威认为传统教育学有诸多不足，

---

[1] 张娜. DeSeCo 项目关于核心素养的研究及启示[J]. 教育科学研究，2013（10）：39-44.
[2] 李艺，钟柏昌. 谈"核心素养"[J]. 教育研究，2015（9）：18-23.

提出以儿童和经验为中心的教育改革运动；美国布什总统签署了"一个都不能少"的教育法案，强调教育要重视基础，要以考试作为教育水平检测的重要手段；与此同时，中国却在强调培养学生实践能力，要重视探究学习，吵吵嚷嚷想废除考试；中国的传统教育说"学海无涯苦作舟"，今天却强调要让学生乐学。教师和学生在课堂中的地位到底如何？重视基础和培养实践能力、探究学习能否兼容？苦学和乐学是否完全对立？

近年来国内教育界对课程改革的问题及教训进行了深入的反思和讨论。在调研中，人们回答得千奇百怪：新课程出现了三维目标虚化和教学内容泛化的现象；对话就是问答；合作探究有形式却无实质；为了情境化而设置情境；甚至有人说现在仍然是"穿新鞋走老路"，与过去甚至清朝的教育没什么区别。

20世纪后期以来，肩负着时代赋予的重任，世界范围内的课程改革如春潮涌动，又伴随着大量争议，一路走来。与15年前相比，随着大国崛起和本土化教育经验被国外重新认识，当前中国基础教育领域的自信程度以及学校教育实践层面对课程改革的自觉程度，都是前所未有的。但是，我们仍然需要平心静气，检视我国课程改革的种种经验、教训。在宏观层面上，我们需要回答：全球化大潮下中国基础教育领域的课程改革应当如何进行理论与实践层面的本土化探索？如何能够促进教师对课程标准的建构，推动课堂教学实践的探索？如何将课程改革以来倡导的"新课程理念"与"学习方式变革"落实在学科教学课堂上[1]？上述问题与改革多倾向于专业化改革行动，却对改革的文化继承性关注不够。因此，需要从文化实践视域看待课程改革，将其作为文化变革实践，寻求课程改革的深化发展[2]。作为文化变革实践的课程改革，不是对从教材改革实践推进课程改革的颠覆重构或者视为敝屣。它是在承认课程改革作为教材改革实践既有作用和贡献的基础上，将囿于教材改革的专业化改革行动拉回文化实践视域。作为文化变革的实践活动，课程改革既应立足于现代社会实践对专业化改革行动的现实要求，又需与教育承担"文化育人"的本体功能与价值相当。总的来说，课程改革作为文化继承性变革实践，强调设计改革需要关注改革的文化处境，在推进改革中保

---

[1] 郭建鹏. 基础教育课程改革理念的反思与建构——基于学习心理学的视角[J]. 教育科学，2015（4）：36-40.
[2] 程良宏. 从教材改革到文化变革：基础教育课程改革的视域演进[J]. 教育发展研究，2015（2）：45-52.

持必要的文化张力。不论是文化问题，还是教材问题，落脚点还是核心素养问题。现在全世界的教育界关注的焦点之一就是"学生核心素养"。什么叫核心素养？核心素养是学生在接受相应学段的教育过程中，逐步形成的适应个人终身发展和社会发展需要的必备品格和关键能力。它应该包含六个方面的含义：核心素养是所有学生应具有的最关键、最必要的基础素养；核心素养是知识、能力和态度等的综合表现；核心素养可以通过接受教育来形成和发展；核心素养具有发展连续性和阶段性；核心素养兼具个人价值和社会价值；学生发展核心素养是一个体系，其作用具有整合性。未来基础教育的顶层理念是强化学生的核心素养。[1]

对"课改"实践中所表征出来的各种问题进行理性分析，并在问题审视的基础上寻找"课改"深化的"突破点"，是我们对"应试教育"背景下课程模式批判的一种呼应。在基础教育"课改"的实践过程中，"学为中心"与"以学代教""只学不教"的对立，"模式化建构"与常态化课堂推进的鸿沟，兴趣驱动与价值导引的脱节，"先成熟、后认知"与"先认知、后成熟"的博弈，"以学生为本""高度尊重学生"与"自我中心主义"的反差，"减负"初衷与"增负"实际的冲突等一系列问题都需要我们予以进一步地审视反思。为应对全球化、知识时代与科技发展等挑战，各国或地区结合自身经济、社会和教育发展需求，从不同角度提出了面向 21 世纪的核心素养。这些素养需通过多层次的复杂教育系统最终落实到实践中。由于核心素养提出的时间并不长，全球总体上很多地区尚处于框架制订和论证阶段，还缺少广泛的、系统的教育实践；其实践效果在学生身上得以体现也尚需一段时日，因此对核心素养教育的实践成效展开述评为时尚早。但各个国家、地区或国际组织官方文件和相关研究报告中所展现出的实例，可反映出其对 21 世纪核心素养教育推进方式与途径的思考和认识。这些实例显示，课程、教学与评价三者均需围绕核心素养进行整体设计，具体包括要选用真实情景、以学生为中心展开教学、依托多样化的测评，引导和推进 21 世纪素养教育[2]。

21 世纪的课程怎么设置，这里有一个时代的话题，也有一个历史的过程。2001年启动的新课程改革的一个基本标志就是从"双基"走向"三维目标"，它的进步是不言而喻的。这其中既有量变也有质变，量变就是从"一维（双基）"到"三维"，质变就是强调学生的发展，这是三维的整合的结果。从教学的角度讲，"所谓的三

---

[1] 林崇德. 对未来基础教育的几点思考[J]. 课程教材教法，2016（3）：3-8.
[2] 刘晟，等.21 世纪核心素养教育的课程、教学与评价[J]. 外华东师范大学学报（教育科学版），2016，（3）：38-44.

维目标,应该是一个目标的三个方面,而不是三个互相孤立的目标,对其理解,可以准确表述为'在过程中掌握方法,获取知识,形成能力,培养情感态度价值观'"。三维目标使素质教育在课堂的落实有了抓手。新课程强调三维目标的有机统一,只有实现三维目标整合的教学才能促进学生的和谐发展,缺乏任一维度目标的教学都会使学生的发展受损。显然,三维目标较之于双基既有继承更有超越。核心素养较之于三维目标同样也是既有传承的一面又有超越的一面。传承更多地体现在"内涵上",而超越更多地体现在"性质上"。作为核心素养主要构成的关键能力和必备品格,实际上是三维目标的提炼和整合,把知识、技能和过程、方法提炼为能力,把情感态度价值观提炼为品格[①]。能力和品格的形成即是三维目标的有机统一。从双基到三维目标再到核心素养,其变迁基本上体现了从学科本位到以人为本的转变。双基是外在的,主要是从学科的视角来刻画课程与教学的内容和要求。素养是内在的,是从人的视角来界定课程与教学的内容和要求。三维目标是由外在走向内在的中间环节,三维目标里面既有外在又有内在的东西。相对于双基,三维目标的理论比较全面和深入,但三维目标依然有不足之处:其一是缺乏对教育内在性、人本性、整体性和终极性的关注;其二是缺乏对人的发展内涵特别是关键的素质要求进行清晰地描述和科学地界定。"现有的课程标准虽然在总目标中提及类似学科核心素养的目标,但没有以学科核心素养为纲,没有将学科核心素养一以贯之地落实到课程标准的各个方面,特别是各个学段或年级或水平的表现标准。"这就需要由三维目标走向核心素养,只有这样,才能够实现教育对人的真正的全面回归。相对于三维目标,素养更具有内在性和终极性的意义。素养是素质加教养的产物,是天性和习性的结合。素养完全属于人,是人内在的秉性,素养使人成其为人,素养决定人的发展取向。教育的终极任务就是提升人的素养(教育价值所在)。素养让我们真正从人的角度来思考教育、定位教育。素养导向的教育更能体现以人为本的思想。

核心素养来自三维目标又高于三维目标。从形成机制来讲,核心素养来自三维目标,是三维目标的进一步提炼与整合,是通过系统的学科学习之后而获得的;从表现形态来讲,学科核心素养又高于三维目标,是个体在知识经济和信息化时代,面对复杂的、不确定的情境时,综合应用学科的知识、观念与方法解决现实问题所表现出来的关键能力与必备品格。显然,三维目标不是教学的终极目标,教学的终极目标是能力和品格。

[①] 余文森. 从三维目标走向核心素养[J]. 华东师范大学学报(教育科学版),2016(1):13-15.

我国基础教育正从"知识本位"时代走向"核心素养"时代。这也是一个全球性的教育趋势。核心素养是跨学科素养，任何核心素养都不是一门单独的学科可以完成的。任何学科都有其对于核心素养发展的共性贡献与个性贡献。学科的育人价值主要在于对特定核心素养的贡献，这是需要不断明晰化的过程。只有明晰本学科在特定核心素养形成和提升上的教育意义，揭示学科与核心素养的内在关联，才能发现学科的独特育人价值。[①]

核心素养意义深远，核心素养为课程内容的确定提供了重要依据。当今课程实践中的最大难题就是知识太多、更新太快。我们有太多的东西要教要学，我们有太多的知识选择，但又感觉无从选择，因为选择的依据并不清晰，"精选课程内容"只能成为空泛的口号。核心素养能够引领教师课堂教学。随着素质教育地推进和课程改革的深入，有效教学成为课堂教学改革的重点。向45分钟要效率，不论是理论的探讨还是实践的尝试，都取得了阶段性成果。有效教学确实是极为重要的改革举措，但这显然不够。我们应该警惕只追求有效教学，却不问有效地教学什么的全局性盲目的现象。教学的有效性不一定体现人才培养目标的实现程度，也不一定与内容的真理性相关联。

今天，我们将以核心素养向知识本位宣战。核心素养的提出，让教师在厚重的书本和习题背后，在置生命于不顾的分数背后，看到了明确地让人成为人、以教育来成人的目标。目标在前，知识为我所有，知识助我成长，用教材教、高效率地教就有了清晰的方向。当然，从"知识本位时代"走向"核心素养时代"，虽然是一次历史机遇，但也伴随着严峻的挑战。

三、基础教育的本质是培养学生的科学认知

有人认为，教育就是抓好思维训练，这个观点我们不完全赞同。我们认为，教育的问题应该归结到"认知"上，"认知"包括思维。认知，是指人们获得知识或应用知识的过程，或信息加工的过程，这是人的最基本的心理过程。它包括感觉、知觉、记忆、思维、想象和语言等。人脑接受外界输入的信息，经过头脑的加工处理，转换成内存的心理活动，进而支配人的行为，这个过程就是信息加工的过程，也就是认知过程[②]。

---

① 石鸥. 核心素养的课程与教学价值[J]. 华东师范大学学报（教育科学版），2016（1）：9-11.
② 彭聃龄. 普通心理学[M]. 北京：北京师范大学出版社，2010：2-3.

人的认知能力与人的认识过程是密切相关的，可以说认知是人的认识过程的一种产物。一般说来，人们对客观事物的感知（感觉、知觉）、思维（想象、联想、思考）等都是认识活动。认识过程是主观客观化的过程，即主观反映客观，使客观表现在主观中。

当然，思维问题是认知的核心问题之一。在基础教育中绝不能忽视思维训练，我们建议开展思维训练，特别是要增加思维导图的学习和应用。思维导图又叫心智导图是表达发散性思维的有效的图形思维工具，它简单却又极其有效，是一种革命性的思维工具。思维导图运用图文并重的技巧，把各级主题的关系用相互隶属与相关的层级图表现出来，把主题关键词与图像、颜色等建立记忆链接。思维导图充分运用左右脑的机能，利用记忆、阅读、思维的规律，协助人们在科学与艺术、逻辑与想象之间平衡发展，从而开启人类大脑的无限潜能。因此，思维导图具有人类思维的强大功能。

思维导图是一种将思维形象化的方法。我们知道放射性思考是人类大脑的自然思考方式，每一种进入大脑的资料，不论是感觉、记忆或是想法——包括文字、数字、符码、香气、食物、线条、颜色、意象、节奏、音符等，都可以成为一个思考中心，并由此中心向外发散出成千上万的关节点，每一个关节点代表与中心主题的一个联结，而每一个联结又可以成为另一个中心主题，再向外发散出成千上万的关节点，呈现出放射性立体结构，而这些关节的联结可以视为您的记忆，也就是您的个人数据库。

思维导图又称脑图、心智地图、脑力激荡图、灵感触发图、概念地图、树状图、树枝图或思维地图，是一种图像式思维的工具以及一种利用图像式思考的辅助工具。思维导图是使用一个中央关键词或想法引起形象化的构造和分类的想法；它用一个中央关键词或想法以辐射线形连接所有的代表字词、想法、任务或其他关联项目的图解方式。我们可以把核心素养绘制成思维导图。我们的课堂学习也可以转变成思维导图。

这里要特别提醒的是，思维训练不是就思维而思维，不是把思维训练建立在"空中楼阁"上，不是要忽视知识的学习、文献的阅读和社会实践的了解。我们注意到了教师培养培训环节中文献阅读和实践认知的重要性。

同时，从培养认知水平角度，我们把核心素养体系化，形成具有逻辑关系的思维导图。

首先分析核心素养的维度,过去讲究的是双基(基础知识和基本技能),这是一维的,然后发展到三维目标(知识与技能,过程与方法,情感态度与价值观),而核心素养则是体系化的(见图4-1),并且具有很强的方向性(见图4-2)。

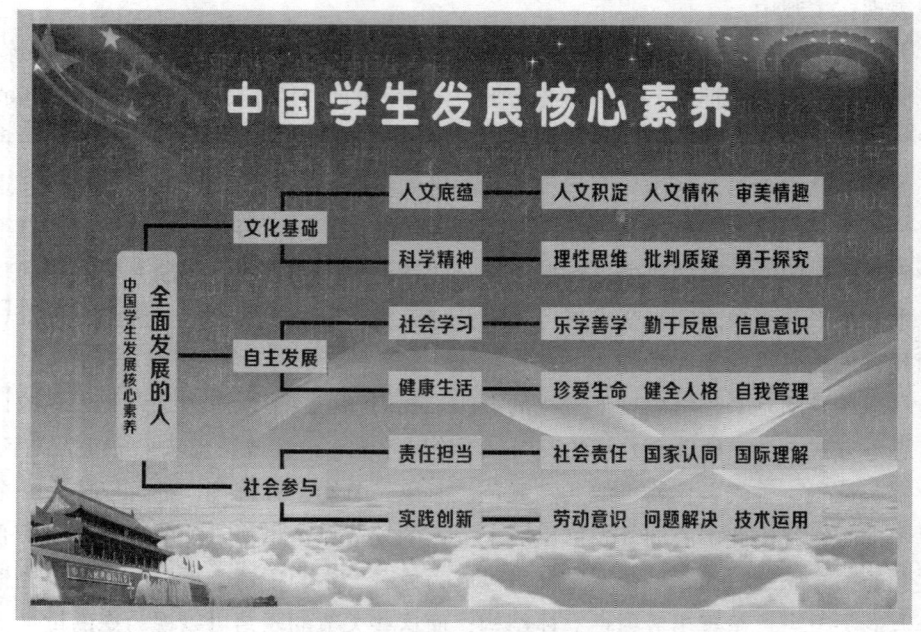

图4-1 核心素养系统性

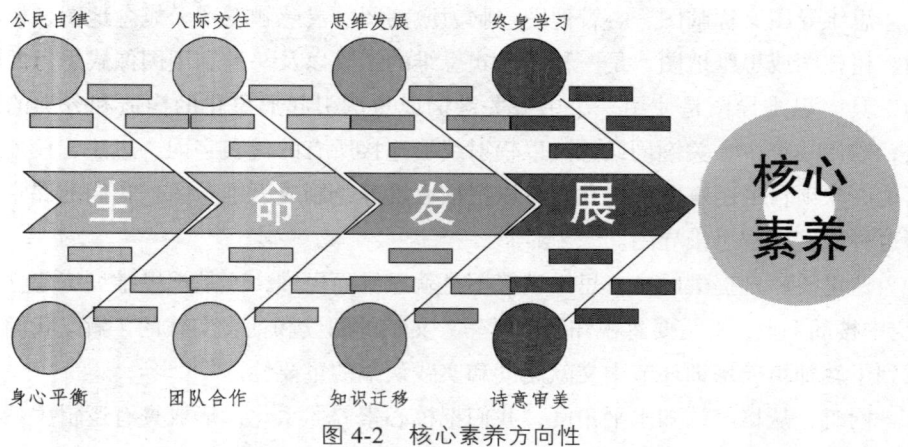

图4-2 核心素养方向性

其次，分析学生的思维特性，图 4-3 给了我们很好的答案。

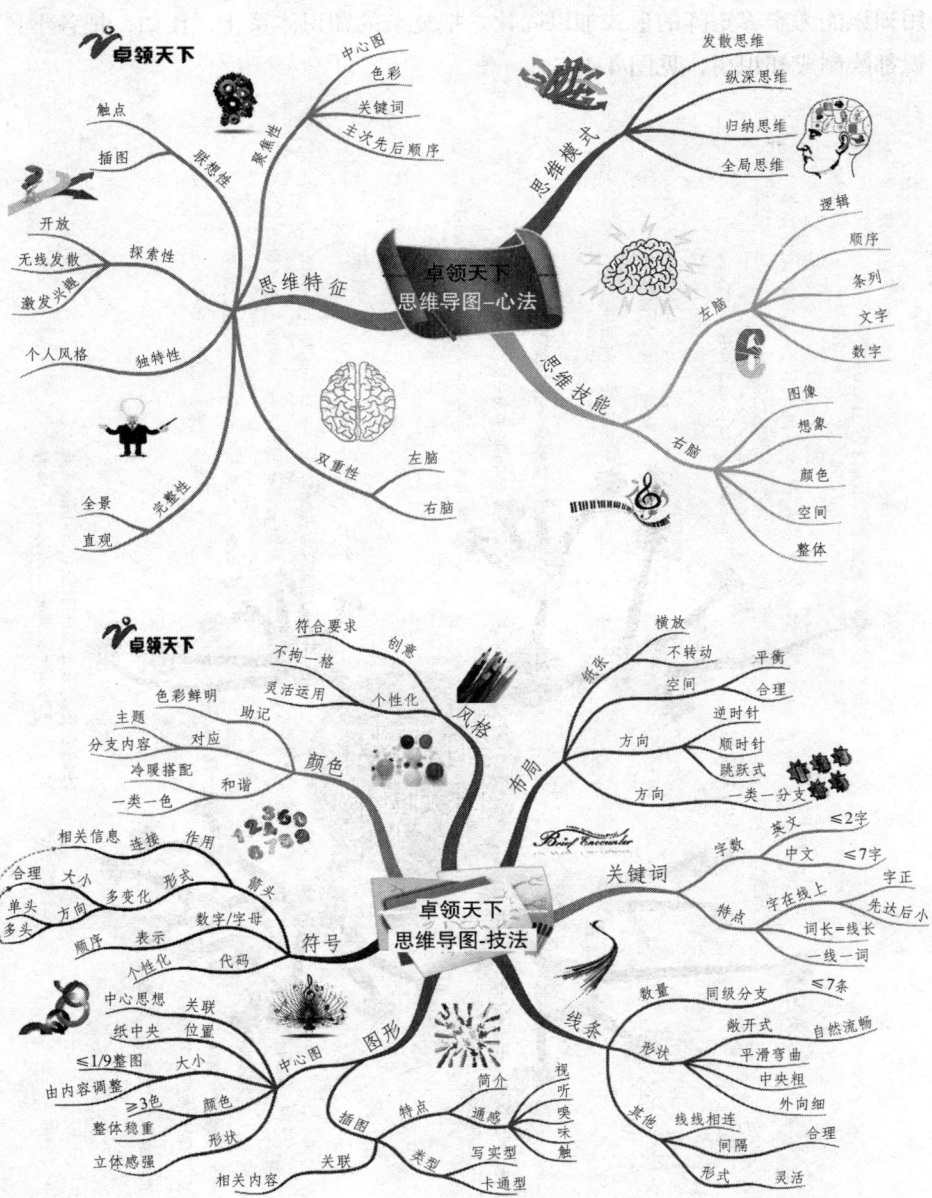

图 4-3 思维导图心法与技法

再次，根据思维导图原理，把核心素养培养纳入到人才培养和教学过程中，用知识能力素养矩阵的形式加以固化。把复杂的知识体系化，比如，把各学科知识都绘制成知识树，见图 4-4。

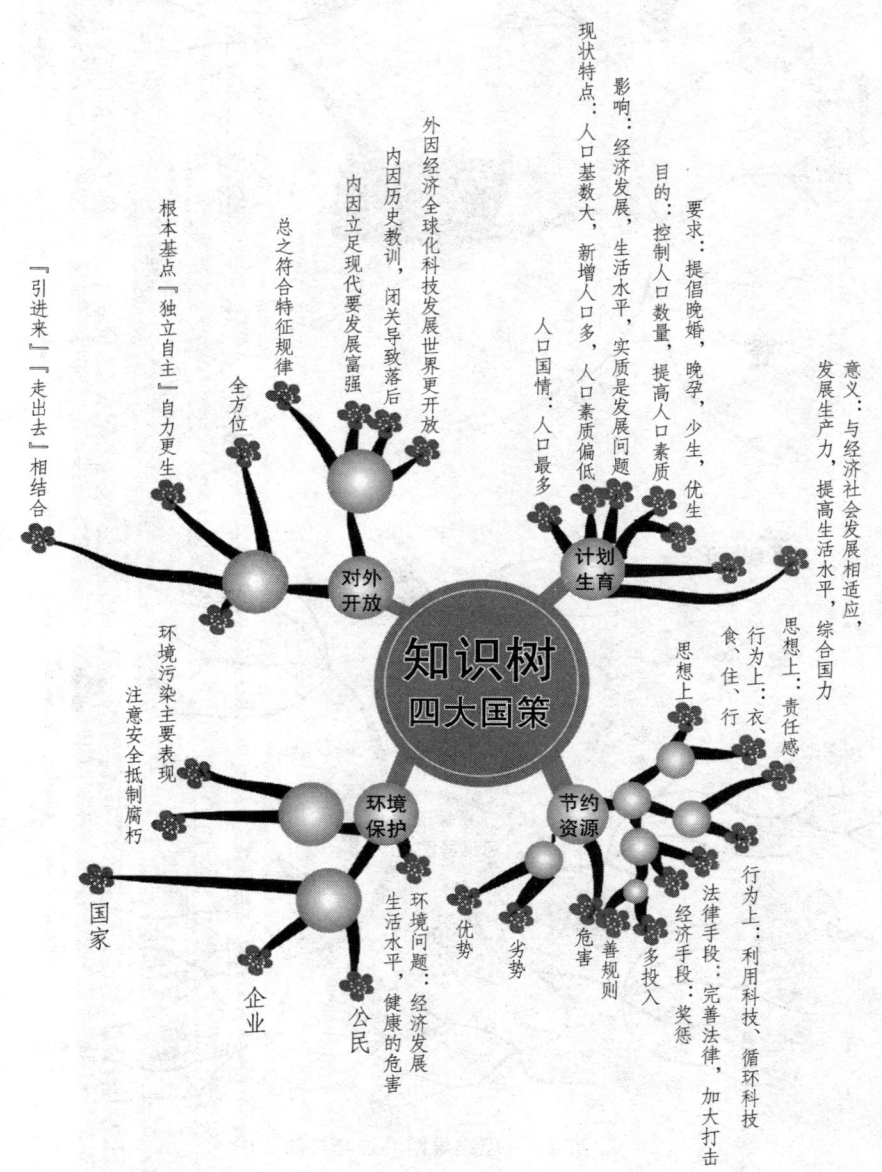

第四章 核心素养视角下的基础教育本质 115

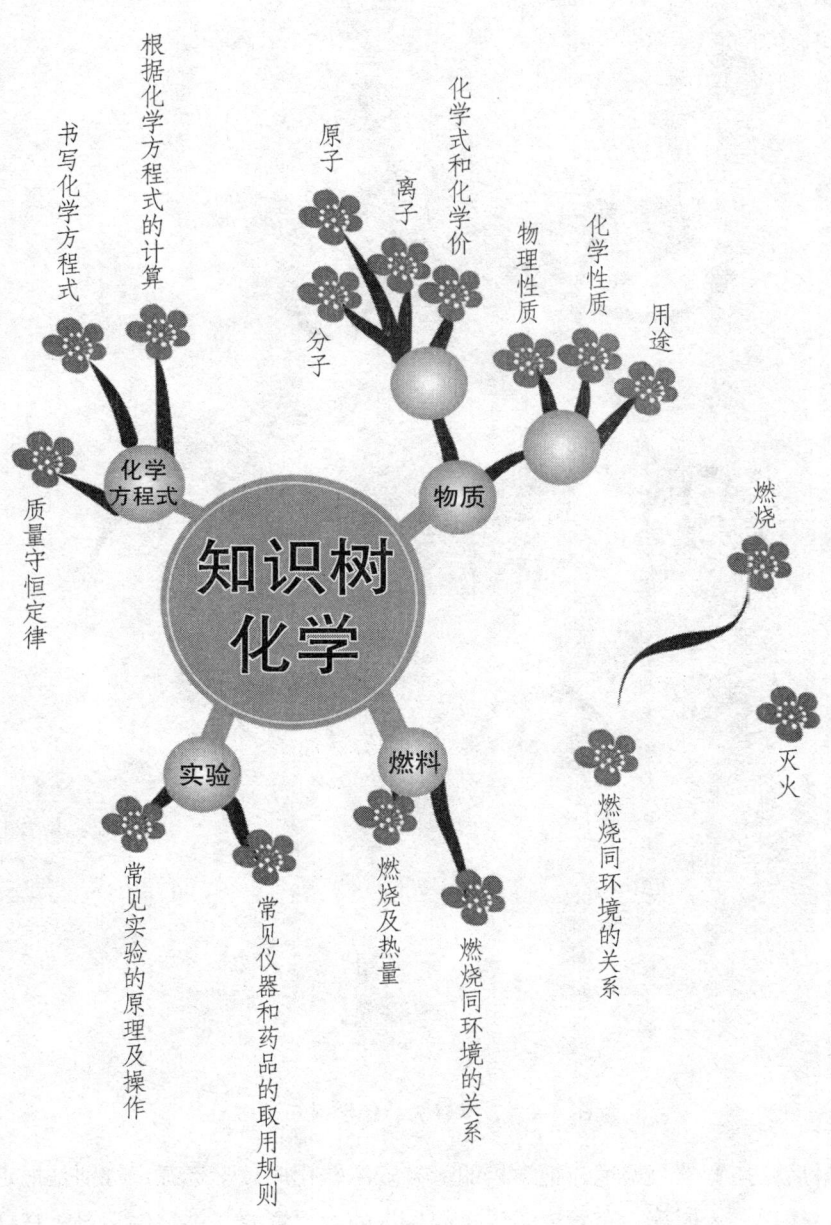

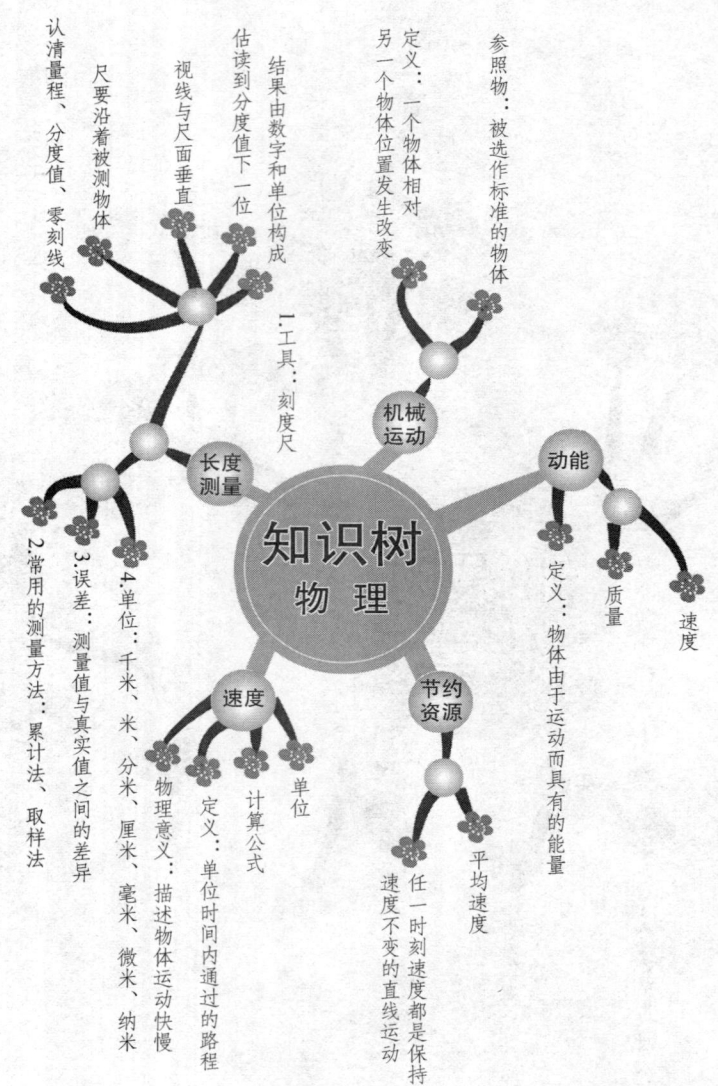

图 4-4　思维导图：各学科知识树

最后，拓宽学习渠道，把学校的所有资源转化成教学资源，特别是把走廊、过道、楼梯、天棚等，布置成学生喜闻乐见的学习资源，供学生学习。在这点重庆市沙坪坝滨江小学做得非常好（见图 4-5）。

第四章 核心素养视角下的基础教育本质 117

118　基础教育本质新论

图 4-5　走廊课堂

当前，基础教育的教师大多是在应试教育背景下成长起来的，习惯于把知识点讲得清清楚楚，习惯于从题库中选择标准答案，习惯于以考试成绩来衡量教学质量。如果我们仍然存在这样的理念和思维惯性，无论什么样的改革，什么样的人才培养目标，意义都不是太大，因为这样培养的学生，其想象力、独立思考能力不会强，批判精神、创新思维和创新创业能力更不会强。因此，我们倡导核心素养，就是要通过课程教学环节的改革回归基础教育的本质，让启发式讲授、互动式交流、探究式讨论、非标准答案考试真正常态化，真正体现"教学相长"。从而启发学生的想象力、批判性思维和独立思考能力，完善和改变传统应试教育课堂教学的不足。

我们考察了加拿大的基础教育，这里的教师从来不上"假课"，教师在备课环节投入了大量的时间，他们在课外花费了太多的时间和精力。当前，国内某些教师在准备好一份教案后，可能会用上三五年，甚至十年之久。反观发达国家的基础教育，每门课程的教师都会在课上拿出更多时间提问、交流、辩论和质疑，都会提前精心谋划、考虑，并让学生课后查询、阅读十几篇最新的学科前沿论文及参考书籍。我们要实施课堂教学改革,不是靠一次讲座、一个要求、一份文件、一次会议就能实现,而是需要每位教师投入更多时间和精力,去真正实施启发式讲授、互动式交流、探究式讨论。同时还要投入更多时间和精力,精心设计非标准答案的试卷和题目,考试的内容不是简单地考查学生的知识背诵,而是要考查学生对知识的思考和领会。

借鉴加拿大经验,我们在工作室内开展了系列的教学设计、教学研究比赛活动。现取一份与读者交流。

《为中华之崛起而读书》教学设计

一、教学目标

(1)重点识记本课"巡、闯、惩、嚷"四个易错字音,会读"风和日丽"等四字词,理解"租界""列强"的意义。

(2)用简要的语言描述本篇课文三个故事的主要内容。

(3)认识、找、运用过渡段。

二、激趣导入

师:同学们请看,这是1961年傣族人民过泼水节的幸福画面。还记得图上这位头包水红色头巾,身穿对襟白褂的老爷爷是谁吗?

生:周总理。

师:对,他就是我们敬爱的周恩来总理,今天,我们一同走进少年时期的周恩来,去了解他的立志故事。

师:请齐读课题。

三、认读生字词,检查预习

(1)识记本课易错字音。

师:听说××班的孩子课前预习习惯很不错,读了几遍课文?请用手势告诉老师。(生)

师:预习得很用心,那我们来做个小小的检测,(出示选择正确读音的ppt)请用手势为词语里红色的字选择正确的读音。(众生选)

师：这些都是我们易读错的字，现在我们一起读两遍。

（2）读准词的字音，理解本课三个难理解的成语。

师：在本课还有很多优美的四字词，你想读吗？（指名让学生分组读）

师：有三个词老师通过查词典的方式找出了它们的意思，你能帮它们对号入座吗？（指名）

（3）理解"列强"、"租界"的意义。

师：借助工具书是理解词语的方法之一，而有的词现在已经不常用，理解起来有些困难，就需要我们查资料，联系时代背景来理解，例如本课的"列强"和"租界"。过去的中国，由于清政府腐败无能，日本、英国、法国、德国、俄国等帝国主义国家凭借雄厚的经济和军事实力把我们中国当成一块大蛋糕，强行瓜分，占为己有，这些国家就是我们所说的帝国主义列强。帝国主义列强通过不平等条约强行在中国获取的租借地，就是租界。同是中国，在租界内灯红酒绿，热闹非凡，租界外民不聊生，苦不堪言。也正因为如此，才有了周恩来立下的远大志向。（生读——为中华之崛起而读书）

师："中华"指中国，"之"是"的"意思，崛起是兴起的意思，这个题目的意思是…（生）

师：这个题目就是本课第三个小故事的主要意思，也可以概括为立志振兴中华。

四、整体感知

概括3个小故事。

师：另外两个小故事是什么呢？请孩子们用自己喜欢的方式读课文，然后用简洁的语言来概括？（生读课文，然后师指导学生用简洁的语言概括另两个小故事）

板书：耳闻中华不振　目睹中华不振

五、认识、找过渡段

（1）认识过渡段。

师：本文讲了"耳闻中华不振""目睹中华不振""立志振兴中华"三个小故事，他们一起构成了一篇完整的文章，那作者又是运用什么方法把这三个小故事紧密而又很自然地衔接起来的呢？（生）

师：那你能快速找出这里面的过渡段吗？（生沉默不语）

师：不知道没关系，通过下面的学习后你就会知道的。

师：我们先来看第九自然段，有几句话？（ppt出示第九自然段）

师：谁来读第一句？（生读）

师：周恩来为什么而沉思？（生：因为看到中国人在中国领地却被洋人欺负）

师：这是哪个故事的内容？（生：默然）

师：默读七、八自然段去寻找答案（生读，然后回答）

师：原来这一句对目睹中华不振这个故事做了简单小结，它与第二个故事有关，是在承接上文。（板书：承上）

师：指名读第九自然段第二句，并追问：这句话里说到周恩来的回答，他的回答是什么？（生：为中华之崛起而读书）

师：答案在第几个故事里？（生：默读10～16段）

师：原来第二句话与第三个故事有关，这句话是在引起下文。（板书：启下）

和上一个故事有关我们叫它"承上"，和下一个故事有关我们叫它"启下"，像这样起着承上启下作用的段落，咱们就叫她过渡段。就是这个过渡段像一座桥使得二三两个故事很紧密而又自然地衔接在了一起。

（2）找过渡句/段。

其实，在第一、第二两个故事之间也有一个起着承上启下作用的句子，你能找出来吗？（生找）

一连串的问题使周恩来疑惑不解，好奇心驱使着他，一定要去看个究竟。

师："一连串的问题使周恩来疑惑不解"这是在承接哪个故事？（生）

师："一定要去看个究竟"又是在引起哪个故事？（生）

师：正是这个原因，他才会亲眼看到"中华不振"。像这样起着承接上文引起下文作用的句子称为过渡句。不管是过渡句，还是过渡段都能很好地（承上启下）将故事内容紧密衔接在一起。课文就是通过过渡句和过渡段把三个小故事紧密地连接了起来。

（3）拓展实践。

① 找出《赵州桥》中的过渡句和《垂柳》中的过渡段。

师：孩子们，早在三年级的时候，咱们就和过渡句见过面了，请看《赵州桥》片段，你能找出来吗？并具体说明哪里在写坚固，哪里在写美观？（生找，进一步巩固对过渡句承上启下的作用的理解）

出示本篇课文第六自然段和《赵州桥》第三自然段,让孩子发现过渡句不是在第一句就是在最后一句。

师:你能迅速找出《垂柳》选文中的过渡段吗?然后具体说明哪里在具体写柳树是报春使者,哪里在具体写柳树是经济价值较高的树木。

② 找出二年级下册《充气雨衣》中的过渡段和过渡句。

(4)发现写过渡句的方法。

师:孩子们真会找!下面我们一起来总结他们是怎样过渡的?

出示四篇文章的过渡语,让孩子发现第一个是借关联词来过渡的,第二个是借疑问的方式来过渡的。

师:那本课的两个过渡又是借助的什么方法来过渡的呢?(生默然)

师:瞧,你能把这两组关联词放回句子中去吗?(生)

师:原来它们也是在借(生:关联词)在过渡,有时作者为了使文章内容简洁,就会省略关联词。

(5)写过渡句。

今天我们一起找过渡段,还发现了写过渡段的方法。想试试写过渡段吗?请孩子们拿出学习题单,先仔细默读要求,然后认认真真书写过渡段。

交流,点评。

六、总结

孩子们今天学习了过渡句和过渡段的写法,可以在以后的习作中巧妙地运用过渡句和过渡段,让你的习作表达紧密而连贯。

下节课,我们将走进这三个成长小故事,一起去品读周恩来立志的过程!

七、板书设计

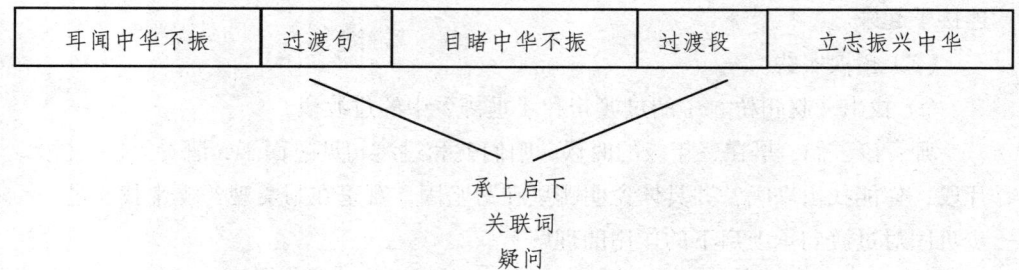

附：小学语文课堂高效操作策略

　　课堂教学是教师教学六认真的核心，是师生教学活动的主阵地，是学生知识学习、能力养成、品德形成的地方。面对新一轮课程改革，什么样的教学才是高效的呢？这是摆在众多教师面前急需解决的问题。教学论专家余文森教授曾说："课堂教学的有效性是指通过课堂教学活动，使学生在学业上有收获、有提高、有进步"，这叫有效。然课堂的高效是课堂有效的最高境界，是指教育教学效率或效果能够有相当高的目标达成度。具体而言是指在有效课堂的基础上、完成教学任务和达成教学目标的效率较高、效果较好并且取得教育教学的较高影响力和社会效益。如此高的要求，对任课教师提出了挑战。不过没有压力哪来动力，只要我们教师能从现在开始进行系统地学习，并不断改变观念，改进教学方式，落实课堂教学实效，我想都能达到高效课堂教学的要求。作为一名一线语文教师，怎样开展高效语文教学？本人对此也作了一些思考。

　　（1）转变观念，摆正位置。

　　实施高效教学，教师角色、观念的转变是关键。教师的观念要淡化教，重在引，重在放，重在让学生主动学。教师的角色应由知识的灌输者、牵引者转变为学生学习活动的组织者、参与者、辅导者。在这个学习过程中，教师要以学生为本，依学定教，用教材教而不是教教材。学生可以用自己的心灵去领悟，用自己的观点去判断，用自己的语言去表达，让学生自主去发展。教师作学生学习的同路人，辅助学生正确走好自己学习求知的道路。

　　（2）激发兴趣，符合认知。

　　苏霍姆林斯基说过："在每一个年轻的心灵里，存放着求知好学、渴望知识的'火药'。就看你能不能点燃这'火药'。"激发学生的兴趣，让学生快乐地学习就是点燃渴望知识火药的导火索。如一位教师教学《荷叶圆圆》，由于是低年级的课文，学生的形象思维占主导地位，很多学生也没有见过荷叶。于是他出示了在微风吹拂下轻轻摇曳的一池荷叶的动态画面，让学生欣赏，他则煽情朗诵：荷叶圆圆，荷叶绿绿，荷叶是夏天里一首清凉的小诗，荷叶是阳光下跳动的绿色的音符。小水珠喜欢荷叶，小蜻蜓喜欢荷叶，小青蛙喜欢荷叶，小鱼儿也喜欢荷叶。你喜欢荷叶吗？喜欢荷叶的什么？这样的学习学生注意力集中，参与激情高，学习自然轻松自如、兴趣盎然。

（3）尊重学生，创建和谐。

心理学家罗杰斯曾指出："一个人的创造力只有在其感觉到心理安全和心理自由的条件下才能获得最大限度的表现和发展"。由此看来，语文课堂教学要实现高效教学，营造一个民主、宽松的教学环境必不可少。尊重学生，创建和谐的核心就是教师眼中有学生，喜爱学生。教师可以利用课余时间，尽量去了解学生，和学生建立起朋友式师生关系，也可以在课堂教学中尊重学生。如我曾听过一位专家是这样教学《小柳树与小枣树》，他在指导学习"小柳树的腰细细的，树枝绿绿的，真好看"这句话时，他脸带微笑对学生说："你能正确地读读这句话吗？请试一试吧"。指名学生读。接着走下讲台，亲切地询问："愿意读给你的同桌听吗？"同桌互读。他摸着一个学生的头，和蔼地问道：告诉大家，你的同桌读得怎么样？从这个片段我们可以看出"你能正确地读读这句话吗？请试一试吧。"用的是激励的语言；"愿意读给你的同桌听吗？"用的是商量的语气。这样的教学语言，让学生得到了尊重，他们的心理需求得到了满足，从而激励了他们的学习积极性。凸现了学生的主体地位和语文学习主人的意识，学习效果自然也就事半功倍了。

（4）准备充分，预设要高。

古人云："不打无准备之仗"，备好课是上好课的保障。要想课堂高效，教师就要准确确定教学目标，确定教学内容，精心设计教学环节，设计出能激发学生学习积极性的作业。在众多准备中，"备学生"必须落实到位。备课内容必须符合学生的认知水平，因为这关系到我们的内容能否引起学生兴趣，而学生的主动学习是我们提高课堂效率的一个重要因素。其次，教师备课要有高度。除文本解读外，还要立足文本和学情引导和激发学生自主探究和拓展。这就要求教师设计的问题既要有开放性，又要有明确指向性和启发性。如教学《可贵的沉默》，四平八稳的课堂设计就是引导学生围绕热闹、沉默、再热烈展开设计，而忽略学生真正的认知水平和文本的文体。这是一篇散文，散文教学就是要让学生在文本学习中感知作者的写作意图和情感，其次学生对第一个场景的阅读基本能理解，而对为什么沉默，沉默中在想什么，学生在沉默中学会了什么则较难理解。为此教师在教学设计时，可以尊崇课程理念中的自主、合作、探究学习方式，让学生自己读课文，自己提出不理解的句子，梳理问题，围绕问题合作学习，再交流汇报。在汇报中教师恰当引导、点拨，让学生逐步探究为什么沉默，沉默中在想什么，学生在沉默中学会了什么，达到感知作者的写作意图和情感的目的。

（5）面向全体，教法灵活。

班级教学不是少数学生的教学，也不是单一知识的教学。课堂教学要面向全体学生，要进行全面的学习与训练。为此，我们还应该端正一种认识——课堂教学不能是教师和优生表演，大部分学生当观众的现状，也不能把培优补差作为课后的工作，而是课堂教学该完成的教学任务。除此，高效课堂还需要科学的学法指导。著名教育家陶行知指出："我认为好的先生不是教书，不是教学生，乃是教学生学。"打造高效课堂的今天，教师应该改变自己的教学方法，更应该指导学生拥有科学的学习方法。传统的教学重在教师与学生之间的互动，教师的认知与学生间存在较大差距，导致教学的实效性差。高效教学应重视学生之间的互动学习，坚持以学为主，以练为主。强调学生的自主学习过程，培养学生独立完成学习任务的能力，提高学习的整体效果。这个过程中，环节的导入、时间的控制、争议的评价等都是教师该做的事。

（6）生成有效，评价有向。

语文课堂教学的高效，不在于学生掌握了多少知识，不在于学生在课堂上的热闹程度，而是学生在课堂活动中体会了多少、领悟了多少，是否在课外积极主动探究。在教学中，我们应尽力抓住学生学习文本的兴奋点和困惑处。当学生学习的问题打乱我们原有的预设时，我们要因势利导，就学生提出的问题加以引导，让学生针对新问题阐释自己的理解，让学生的灵感得到激发。最后就是我们教师的评价问题。学生在对文本阐述过程中，教师应给予学生一些积极评价，这些评价不仅不会干扰学生对课文深入理解，反而能够指明学生对文本进一步思考的方向。学生的发展有三个区：已知区、最近发展区、未知区。学生已知是我们教学中应尽量简化的；未知区是学生经过努力之后才能逐渐达到的区域，是教师教学引导的方向但不是急于解决的；最近发展区，才是我们教师应该立刻做的事情。我们就要在这一区域为学生攀爬架设"架子"。由于语文学习非线性特点，替学生搭架子有一定的难度，我们教师就可以通过评价让学生在认识上拓宽拓深。

此外，高效课堂还离不开教师精准的语言，离不开学生高效地合作学习等。总之，高效课堂是课改的要求，也是时代的要求。它与传统教学模式的目的有一致的地方，但它的具体要求已经超越传统，作为教学主导者的教师必须要有改革意识、明确改变的方向，掌握改革的技巧，才能真正实现高效课堂教学的目标，为课改做出自己的贡献。

第五章 教育公平视角下的基础教育本质

一、教育公平的概念及分析

教育公平是社会公平的重要内容之一，教育公平是实现社会公平的起点和最有力的支撑，是人的全面发展的根本要求，也是促进社会和谐的必要条件。改革开放以来，我国教育实现了跨越式的发展。从目前来看，九年义务教育已基本普及；高中阶段教育即将走向普及化，进入义务教育轨道；高等教育已经进入大众化的实质性阶段；职业教育实现了超常规发展。教育的发展使教育真正从"社会的边缘"走向了"社会的中心"。

有关教育公平的研究主要集中在教育公平的现状及实践上，也有学者从本体论的视野探究教育公平的基本理论，纵观之，所有关于教育公平理论的研究，呈现出众说纷纭、莫衷一是的态势。如麦克马洪（Mc Mahon）提出的水平公平、垂直公平和代际公平，J·科尔曼和T·胡森的教育机会均等。所有的研究中既有教育公平是教育平等、教育公正、教育均衡等说法，也有关于教育起点的公平、教育过程的公平、教育结果的公平的结论；既有事实角度的指标式教育公平，也有价值判断角度的主观感受式教育公平；既有教育机会均等的教育公平，也有教育资源合理配置的教育公平。这些成果丰富了教育公平的理论，提供了多元的研究视角，促进了教育公平的实践。教育公平在我国的研究起步较晚，直到20世纪90年代才引起学者的关注。随着中国教育的不断发展和改革的深入，教育公平成为教育界难以回避的话题，而短短20年间研究成果的倍增更使之一跃成为当下的热点问题。

教育公平受制于社会经济结构和经济社会的发展水平，在不同的历史时期反映不同的内涵追求，教育公平具有历史性和多元性。

教育公平是一个历史范畴，应教育的产生与教育公平的实践而生。它萌芽于无阶级差别人人享有同等权利的原始社会，真正诞生于现代社会以税收资助教育的公共教育制度形成之后。在前工业化时代,社会的阶级和阶层体系处于封闭或半封闭式,成员、群体、阶层、地位等的相互转变和流动非常稀少,克绍箕裘、子承父业——"若父亲是农奴,其子女则可能终生为奴,若父亲是鞋匠,其子女也可能是鞋匠,这种终身固定职业扼杀了'机会'这一思想的形成,更不用说机会均等了"①。

教育公平经历了由少数人的公平走向多数人的公平,由多数人的公平走向全民的公平,由特权阶级享受的教育走向人人平等的教育,由权利平等走向机会均等,由起点公平走向过程公平到追求结果公平等阶段。教育是人的教育,教育公平是人发展的公平,人类对教育公平追求的实践历史即是对人发展公平追求的历史。一部教育制度史见证了教育公平的实践历程,教育公平就随着教育制度的不断演进在实践中追寻着人发展的正义性和公平性的契合点。当下,对教育公平,要从"原始平等"到"权力公平",公平权利"决不能超出社会的经济结构以及由经济结构所制约的社会的文化发展"②;要解决从"形式上的起点平等"掩盖了"实质上的不平等",要从机会公平与结果公平的博弈轮回中走出来。马丁·路德在人类历史上首次提出在全民范围内实行义务教育,他的主张在资本主义的自由时期得到了部分实现,德法英等资本主义国家相继建立了公共教育体系,只不过这类体系反映在教育制度上是典型的"双轨制","双轨制"剥夺了大众子女接受更高教育的权力,受到了自由主义者及广大劳苦大众的极力反对,人民大众要求教育权利应该向所有的儿童开放,在同等的教育条件和公平的教育机会中以"考试分数、智力测量、成就指标或其他客观指标"作为衡量和选拔学生的唯一依据。在这一时期,各资本主义国家开展了合校并校运动,完善了课程内容、统一了课程设置,教育在为保证每一个孩子享受公平的教育机会而努力。例如,在英国每个儿童 11 岁后参加国家的"11+考试",根据学生的智力、能力和考试成绩选拔,"具备理论智力的儿童,应该上文法中学;对应用科学技术或装饰艺术发生兴趣的儿童应上中等技术学校,接受具体事物比接受原理感到更为容易的儿童,则应该上现代中学。"③在法国,一切儿童除因自己的才能限制以外,应不分身份、种族和社会地位都有受教育的机会。全体儿童在初等教育阶段接受统一的教育,然后

---

① (美)詹姆斯·科尔曼:教育机会均等的观念[M]//张人杰. 国外教育社会学基本文选. 上海:华东师范大学出版社,1989:176.
② 马克思恩格斯全集(第三卷)[M]. 北京:人民出版社,1995:305.
③ 拉普钦斯卡娅. 现代英国中学[M]. 北京:人民教育出版社,1980:3.

以"指导班级""学习方向指导"和"职业指导"等方式帮助小孩子判断兴趣与能力发展的倾向,再依儿童的能力与性向的区别进行分化的教育。手工劳动能力超过理智能力的儿童着重手艺训练,活动能力超过理论学习的能力的儿童进入职业科,抽象思维能力智力发展的儿童进入理论科。当等级限制和经济障碍消除之后,进入高一级学习的所有孩子的录取均取决于严格的客观指标,可中产阶级和小资产阶级家庭出身的儿童所取得的级别,高于更低阶层出身的儿童,因此前者进入这种学校的人数更多[1],"得益于新的入学机会而成为学生者,总的说来是有特权地位或半特权地位的人"[2]。

如此结果让更多的人开始怀疑这种教育机会公平下的"能力至上"的取向,本以为每个孩子在智力及天赋上都具备相对一致和较为稳定的特征,没料到用来客观评价孩子才能及能力的标准和测验与家庭背景有着高度的正相关。教育系统内部实行统一课程、统一学校的体制未必导致一个更加公平的社会的到来[3]。实行差别对待恢复多种选择,采取补偿的原则对那些社会地位不高、经济条件差、能力不强的孩子给予一定补偿和救助是20世纪60、70年代教育公平的实践追求。仅受教育机会的公平只保障了整个教育过程的表面平等,维持教育结果的公平才能够真正保障弱势群体的教育公平,那么教育结果的公平必须依赖于提供的教育条件和教育过程的不公平。美国政府1965年出台的《初等与中等教育法案》是美国提出补偿性教育政策的首个联邦法律,将更大的注意力集中于处境不利的儿童,重申了黑人、白人学生合校教育的政策,制定了对处境不利的儿童的教育措施,还建立了一个处境不利儿童教育全国顾问委员会,以提高这类儿童的成绩,教育机会不均等的问题得到进一步改善。该法案颁布后,美国先后推出了30 000个补偿性教育项目,这些补偿性教育项目涉及学前教育、小学与中学教育,不过大部分项目集中于学前教育与小学教育。补偿性教育资金被用来开发特殊课程以提高学生认知技能,尤其关注阅读、写作与算术学科,招收与培训处境不利学校的教师,提供健康与营养服务等[4]。1978年,美国国家教育所提出的"补偿性教育研

---

[1] (瑞典)胡森. 平等——学校和社会政策的目标[M]//张人杰. 国外教育社会学基本文选. 上海:华东师范大学出版社,1989:210-211.
[2] (瑞典)胡森. 平等——学校和社会政策的目标[M]//张人杰. 国外教育社会学基本文选. 上海:华东师范大学出版社,1989:210-211.
[3] 华桦. 西方教育公平实践的历史演进—基于社会政治哲学的视角[J]. 基础教育,2009(6).
[4] Natriello G, McDill E L, Pallas A M. In Our life time: schooling and the disadvantaged[J]. Unpublished manrscript, 1987:16.

究"报告认为,补偿性教育是促进美国教育机会平等的最重要措施之一。因为一般而言,来自处境不好的家庭的孩子与同伴相比,在教育中往往处于不利地位,其更多地选择低收入(低水平)学校或者贫穷社区学校,补偿教育的目的就是为处境不好的孩子提供额外的服务,以使其能更加公平地接受教育。[①]英国于1967年宣布废除"11+考试",所有儿童不经过任何标准的选拔直接由小学进入综合中学,英国政府采纳了贺尔西教授(A.H.Halsey)在《布劳顿报告》(*plowdon report*)中强调的"积极差别待遇"概念,并推行了其中提出的"教育优先地区"(Educational Priority Area)制度,进而改善了物质贫乏或经济落后地区的教育机会不均等状况。到1977年,综合中学学生已达300万人,占中学生总数的80%。法国政府自1959年起,颁布了《教育改革法令》宣布实施10年制义务教育,取消中学入学考试。如此的补偿原则又被西方一些人声称为"反向歧视",认为对处境不好儿童的额外关照又造成了新的不公平。由此将教育机会均等的含义扩大化,不仅包括入学起点的机会均等也涵盖学业成功的机会均等。诚如科尔曼所言,天赋不同家庭出生不同的受教育者具有不同的机会,每个受教育者因其天资不同、家庭出身不同带来的机会是不平等的,而这种不平等本身就是一种公平。[②]20世纪在教育公平的实践追求中,资本主义国家从起点公平和入学权利的保障开始,就一直徘徊在教育机会均等和教育结果公平之间。

教育公平是一个复杂的概念,何谓公平、何谓不公平很难用一个确定性的标准衡量,因而很多人将教育公平、教育平等、教育均衡和教育公正混用,这些都误导了我们对教育公平理论的进一步探讨。本章我们只选取乡村教育这个视角来看基础教育的本质。

二、乡村教育问题是教育公平的核心问题

乡村教育问题是历史问题,更是现实问题。

所谓乡村教育运动,即是指20世纪二三十年代,面对农业生产严重萎缩,农村经济日益凋敝,农民生活不断恶化的严峻形势,以黄炎培、陶行知、晏阳初、

[①] National Institute of Education.compensatory education study: ExecutiveSummary.Washington, D.C.: U.S.Government Printing Office, 1978: 1.
[②] 华桦. 西方教育公平实践的历史演进——基于社会政治哲学的视角[J]. 基础教育, 2009(6).

梁漱溟为代表的一大批教育家，怀着赤诚的爱国之心、救亡图存的善良愿望，从城市走向农村，以其各具特色的乡村教育理论为指导，积极致力于乡村教育和乡村社会改造，并开展独具匠心的乡村教育实验。①

1923 年秋，陶行知在北京师范大学平民教育社演讲时说："平民教育运动是到民间去的运动。"晏阳初认为平民即"苦力"，其"苦"在于体力劳动，缺少文化和没有平等权利；其"力"则是改造社会的巨大潜力。而中国是农业大国，大多数平民是农民，因此以解救"苦力"为宗旨的平民教育其重点当然在农村。②

晏阳初与留美知识分子对定县乡村建设的重要贡献主要有四个方面。① 他们是将西方科学知识"中国化"的典型代表：他们不仅把西方先进的科学理念和科学方法带回了中国，而且尝试着将其用于解决中国的实际问题，这在实质上是在探索中国社会的特殊性，推动了西方科学知识"中国化"的进程。② 他们能够走入田间。在归国留学生中是开风气之先者：到定县工作的留美知识分子们打破了"万般皆下品，唯有读书高"的传统观念，其精神可嘉。③ 采用"实证方法"来研究中国乡村问题：西方"实证研究"的方法在定县的实地调查研究中得到了应用：在调查部主任、留美社会学家李景汉的主持下，开展了中国历史上第一次以县为单位的实地社会调查，内容包括户口、土地、生产、赋税、集市、教育和风俗习惯等。④ 开创了以农民为对象的中国"平民教育"事业：针对中国国情的特殊性，晏阳初的"平民教育"体现的特色之处：一是培养学生了解中国的实际；二是注重对人才进行"通识教育"的培养，这对于今天的中国高等教育仍具有借鉴意义。③

乡村学校教育的改造，首要在乡村师资的改造。在陶行知看来，真正的乡村师范学校，就是要"充分运用乡村环境"来训练师范生，在他未毕业以前教他运用各种学识去作改造乡村的实习。对于乡村民众教育难收成效的问题，梁漱溟曾把它归因于农民"偏于静""偏于旧""多一事不如少一事"等观念。然而，陶行知却十分强调知识分子的自我改造。他认为知识分子只有反省自身存在的问题，

---

① 赵晓林.20 世纪二三十年代"乡村教育运动"的特点及其现实启迪[J].陕西师范大学学报（哲学社会科学版），2006（2）：124-128.

② 覃卫国，徐健.试论中国乡村教育运动兴起的原因[J].南宁师范高等专科学校学报，2007（1）：33-35.

③ 李晔，李振军.留美知识分子与 20 世纪 30 年代的中国乡村建设——以晏阳初在河北定县的实验为例[J].中国农史，2007（2）：33-38.

也就是如何通过改造自己,拉近与乡村民众的距离,赢得他们的信任,推倒横亘在彼此之间的无形之墙。换言之,知识分子首先要"农民化",而后才有可能"化农民",这是发挥民众教育的效力,动员乡村民众的现实路径。①

梁漱溟对乡村建设问题的关注与思考,并不局限于乡村问题本身,而是着眼于"解决中国的整个问题",是要寻找一条中国自己的发展道路,创造新的"社会制度""新文化"之路。因此,在他看来,把"社会重心从城市移植于乡村",重新发现与觉悟乡村的意义,建设新农村,"在近代都市文明之外,辟造一种(新的)乡村文明",乃是民族新自觉的开端与标志。而在这背后,更有着对人类文明未来发展的长远思考与展望。又因为,梁漱溟恰恰对西方的民主政治有一种批判性的审视,他强调的不是中国传统与西方文化的契合之处,而恰恰是不同于西方——并且,在梁漱溟看来,又是高于西方的儒家思想之本,即他说的"中国老道理"。所以,在这个意义上,可以说,梁漱溟奉行的是"中学为体,西学为用"的乡村建设路线。②

三、乡村教育公平的演变

在20世纪20年代中国掀起的乡村教育运动中涌现出了一大批追求教育公平的教育家,他们在实践探索中提出了不少有价值的教育公平思想。晏阳初认为当时中国的所有问题是"人的改造"问题,中国的大部分文盲在农村,要想普及中国的平民教育,应当到农村里去③。他认为在中国的农村存在着"愚、穷、弱、私"的问题,通过文艺教育、生计教育、卫生教育和公民教育以学校式、家庭式、社会式的方式进行。梁漱溟从中国乡村现实问题着手,认为中国的问题,并不是什么旁的问题,就是文化失调;——极严重的文化失调!④他认为乡村建设必寓于教育,乡村的进步,社会的改造,不能不归于教育。这个时期最有影响力的教育家陶行知用毕生精力探索中国教育发展的新路,他用"带着一颗心来,不带半根

---

① 王文岭.陶行知乡村教育改造思想述论[J].南京晓庄学院学报,2016(4):6-9.
② 钱理群.梁漱溟乡村建设思想及其当代价值[J].中国农业大学学报(社会科学版),2016(4):5-16.
③ 宋恩荣.晏阳初全集(第一卷)[M].长沙:湖南教育出版社,1989:245~246.
④ 梁漱溟.梁漱溟全集(第二卷)[M].济南:山东人民出版社,1990:164~167.

草去"的民族责任感，提出了教育要为中国最大多数贫苦农民服务的思想，致力于改造旧中国的教育。他主张普及全民教育，特别是广大劳苦大众子女的教育，陶行知自己宣称"我们普及的教育是平民教育，是劳苦大众的教育"。普及教育体现了一种教育公平的思想，陶行知在从事新教育和平民教育运动的过程中，在追求公平的问题上给予后人以启示。

纵观教育公平思想的历史发展，任何一种教育公平理论都离不开特定的社会经济文化背景，教育公平思想随着历史的进程不断完善和丰富，在历史中教育公平被赋予了时代的烙印。经过大批社会科学家的努力，对教育公平的原则内涵达成了如下共识：① 入学机会均等，或入学不受歧视（在社会、经济、文化、阶级、民族、种族、性别、地理等方面），继初等教育、中等教育普及后，入学机会不均等主要体现在高等教育入学机会上；② 受教育过程中的机会均等，入学机会均等仅是进入"科层制的教育系统"时在竞争起点上得到的机会均等，受教育过程中的机会不均等比入学机会不均等更为严重，也更不易被识别；③ 取得学业成功的机会均等，其标志是社会保证各社群的子女在各级各类教育中所占比例与其家长在总人口中所占比例大致相当；④ 不只是在获得知识方面的机会均等，更主要的是使人在获得本领方面的机会均等；⑤ 不仅涉及学校教育，还涉及校外教育、成人教育、回归教育等教育形式中的机会均等；⑥ 在国际范围内，主要是指富国和穷国之间在教育资源分布、教育设施发展、学业成功率和学业证书价值上的均等[①]。教育公平是一个历史范畴，具有历史性和继承性，它在任何时代都不是抽象的、一成不变的，而是具体的、发展变化的。教育公平就其本质而言，"始终总是现存经济关系的或者反映其保守方面或者反映其革命方面的观念化的神圣化的表现"。

乡村教育是指乡村地区的教育，即县级行政区划以下的乡镇、村落的教育，它包括乡村的学校教育，也包括乡村地区其他的非正式、非正规的一切文化、风俗等教育活动。乡村教育主要以广大乡村地区的学龄儿童和村民为教育对象，旨在以教育为主要手段，促进乡村儿童和村民的自我发展，促进乡村文化传承和乡村社会建设。[②]

为了发展乡村教育，我们必须以以下三个方面的内容为发展目标。

---

① 马和平，高旭平. 教育社会学研究[M]. 上海：上海教育出版社，1998：86.
② 李森，汪建华. 我国乡村教育发展的历史脉络与现代启示[J]. 西南大学学报（社会科学版），2017（1）：61-69.

（1）启发改造乡村的决心。党的十八大报告指出："坚持走中国特色新型工业化、信息化、城镇化、农业现代化道路，推动信息化和工业化深度融合、工业化和城镇化良性互动、城镇化和农业现代化相互协调，促进工业化、信息化、城镇化、农业现代化同步发展。"①在大力建设新型城镇化的过程中，部分乡村人向往大城市里的灯红酒绿，乡村回归感逐渐缺失。最后，乡村社会失去其自身的特色。这就需要乡村教育有针对的对这种现象采取乡村教育可持续策略。乡村教育可持续发展战略包括理性定位战略、有效决策战略、主体联动战略与合理调控战略。②在有形和无形的教育上，启发村民爱慕乡村的心理，教导村民改造乡村的技能，培养村民改造乡村的决心。

（2）养成团结合作的习惯。中国的社会飞速发展，人们都沉醉于这种"快"节奏，都忘了慢下来，慢下来与他人交流，与他人团结协作。这使得乡村社会的公共事业无法完成或很好完成。故此，乡村教育应教导村民学会慢下来；教导村民去继承优秀的乡村文化，如相邻和睦、村民淳朴自然等；教导村民团结协作，积极参加团体生活的兴趣、能力、习惯。

（3）在农业文明上建筑工业文明。首先，乡村教育必须"适合乡村实际生活"，其次，乡村教育要"与城市打成一片"。③其意思即为，首先，农村教育要为发展现代农业、改善农村面貌、增加农民收入而服务。其次，农村教育要为农村发展和转型而服务：以农村教育促进农村人口素质的提高；以农村教育促进农民向城市的转移。④最终，促进农民的经济增收，以便来发展乡村，改造乡村。

四、实现乡村教育功能是基础教育本质的内在要求

为什么要办好乡村学校？纵观中国乡村教育发展的历史进程，乡村学校除了承担输送合乎意识形态要求的后备人才的政治功能和提升人力资本的经济功能

---

① 胡锦涛.坚定不移沿着中国特色社会主义道路前进为全面建成小康社会而奋斗[M].北京：人民出版社，2012：1.
② 李森.新型城镇化进程中我国乡村教育可持续发展的现实困境与战略选择[J].西南大学学报（社会科学版），2015（4）：98-105.
③ 陶行知.陶行知教育文集[M].成都：四川教育出版社，2005：80.
④ 常国良.现代化背景下中国乡村教育的使命——试论陶行知的乡村教育价值观及其现实意义[J].南阳师范学院学报（社会科学版），2009（8）：86-89.

外，还一直承担着使社会得以维系的、不可或缺的社会文化功能①。虽然不同时代有不同的表现，概括地讲，乡村学校及相应教育机构的存在至少体现出两方面的重要价值。乡村学校就像一个个灯塔在时光流逝之际指引着乡村的文化传承之路，也像一盏烛灯在他们精神的视野中摇曳。乡村学校远不是一座简陋的建筑，它构筑着乡村文化最核心的部分，是乡村文化创造、传承、创新的最初的原动力和点睛之处。②雷德菲尔德在其名著《农民社会与文化》中提出了大、小传统的概念，他说："在某一种文明里面，总会存在着两个传统；其一是一个由为数很少的一些善于思考的人们创造出来的一种大传统，其二是一个由为数很大的、但基本上是不会思考的人们创造出的一种小传统。大传统是在学堂或庙堂之内培育出来的，而小传统则是自发地萌发出来的，然后它就在它诞生的那些乡村社区的无知的群众的生活里摸爬滚打挣扎着持续下去。"他并且指出：这两个传统在文化方面的关联是个不能掉以轻心的问题，因为这种关联直接关系到文明的延续。在著作的某些关键部分，他又提示说，这种沟通的关系是靠一些祭司、教师，以及人员的相互往来实现的。③因此，乡村学校（或其他教育机构）对于关联大小传统乃至延续文明的命脉承担着重要的作用。

  乡村学校到底有什么功能？乡村学校是乡村社会整合的重要组织。关于乡村学校的社会整合功能，首先体现在乡村学校提供了一个重要的公共生活的场所。这种公共生活因其超越家庭、邻里等初级组织，往往怀抱国家和天下的宏愿，有望超越中国文化偏重家庭和宗族利益的局限，实现更大范围的社会整合。在这一意义上，无论前述传统社会的乡校、私塾、社学、乡约，还是现代乡村学校的"文字下乡"及至"村落中的国家"；都体现出乡村学校组织的这一潜能。梁漱溟先生正是看到了这一点，一度试图通过乡学村学对古代乡约的补充改造，以学校来重新组织中国社会，以此开出中国文化的新局面。其次，乡村学校的社会整合功能还体现在乡村教师作为乡村社会的文化人、士绅，有知识、有威望的长老代表，

---

① 熊春文，折曦. 乡村学校的演进及其社会文化价值探析[J]. 广西民族大学学报（哲学社会科学版），2014（05）：18-24.
② 代静亚，龙红霞. "后撤点并校时代"的乡村教育与乡村文化传承[J]. 教学与管理，2014（12）：39-42.
③ 熊春文，折曦. 乡村学校的演进及其社会文化价值探析[J]. 广西民族大学学报（哲学社会科学版），2014（05）：18-24.

一直承担着调解社会纠纷、规制乡风民俗、凝聚社会团结的作用。费孝通在《乡土中国》中甚至用"教化权力"来概括乡土社会的权力结构,他认为乡土社会的主导权力既不是横暴性质,又不是同意性质;既不是发生于社会冲突,又不是发生于社会合作;它是发生于社会继替的过程,是教化性的权力。教化性的权力虽则在亲子关系里表现得最明显,但并不限于亲子关系;它还在长幼之间、师生之间,乃至整个乡土社会当中,起着主导作用。这种性质的权力甚至是排斥或消融政治生活的,因为"在变化很少的社会里,文化是稳定的,很少新的问题,生活是一套传统的办法。如果我们能想象一个完全由传统所规定下的社会生活,这社会可以说是没有政治的,有的只是教化。事实上固然并没有这种社会,凡是乡土社会却是靠近这种标准的社会""儒家很有意思想形成一个建筑在教化权力上的王者;他们从没有热心于横暴权力所维持的秩序。"①显然,所有承担社会教化的长者,尤其是乡村教师均是分有这种教化权力的重要代表,他们对于维持乡土社会的礼治秩序、"无讼"传统乃至"无为政治"从来都负有重要责任。

同时,乡村学校不应该是单纯的教育机构,更应该是农村文化、农业科技的传播阵地。陶行知认为,乡村教育应该涵盖"整个乡村生活",并以培养学生的"生活力"为主要目标。陶行知提出"要从乡村实际生活中产生活的中心学校,从活的中心学校产生活的乡村师范,从活的乡村师范产生活的教师,从活的教师产生活的学生、活的国民",从而达到改造社会之目的。②我们所理解的农村教育在全民教育的理论框架下需要强调四点突破:一是需要破除传统的地域空间形态,农村教育绝不只是布局于乡村社会中的教育空间概念;二是需要破除传统的服务群体形态,农村教育绝不只是服务于农业户籍人口的教育群体概念;三是需要突破传统的服务对象形态,农村教育绝不只是单项服务于农村社会发展的教育对象概念;四是需要突破传统的学校教育形态,农村教育绝不只是局限于学校教育,更不只是局限于农村基础教育阶段学校教育概念。③

乡村教育应力图改变农民和青少年落后的观念、保守僵化的思维方式以及消极的生活方式,既传授谋生技能以提高他们置身乡土的生存能力与自信,更关注

---

① 费孝通. 乡土中国[M]. 北京:生活·读书·新知三联书店,2013:83.
② 成必成. 民国"乡村教育运动"及其对农村教育改革的启示[J]. 教学与管理,2014(06):25-27.
③ 李涛. 农村教育何日重获话语权[N]. 中国青年报,2015-10-12(10).

其自我完善、自我发展，促发其对乡村社会价值的重新认识。其次，乡村教育应力促农民的精神和谐，即使其处于全面发展、个性发展、可持续发展基础上的自由而安宁的生活状态。是以他们对农民身份的认同以及对乡土生活的认知为前提，因此，乡村教育除了重视职业培训和课程教育之外，关键在于使农民及青少年认识到人生追求的价值和意义，达到精神境界的升华和全面发展。再次，乡村教育应培育新型农民。新型农民的培育基础是缩小农村的"传统性"与"现代性"差距，让农民真正融入到现代化的社会潮流和良性发展态势中。引导农民正确地传承和发展乡土文化。乡村教育的功能不仅仅是教人识字，更重要的是传承乡土文化，促进乡土社会文明。

伴随中国经济社会的快速发展，乡村社会的矛盾日益突出并呈现出多样化的特点。例如，城乡收入差距日益明显，复杂的社会分层导致不同群体之间的利益关系日趋复杂。由于一些地方在征地拆迁、土地调整、环境保护等方面出现了一些与民争利现象，引发了一系列群体性事件。首先，应引导广大农民依法正确处理各种利益关系，合理合法地表达自己的利益诉求，理性解决矛盾冲突，增强民主法制意识，为整个乡村社会的稳定和发展提供安全保障。其次，通过教育提高农民追求现代文明富裕生活的能力。而完善的乡村教育须秉承"为了乡村、面向农村、改造农村"的宗旨，以传授现代科学文化知识，促进乡村社会现代化发展为使命。再者，构建教育公平公正的乡村社会。如果在整个社会系统中教育失去了自身的公平特质，社会公平的发展和完善就不可能实现。换句话说，实现城乡教育公平，有利于促进农村教育发展和农民素质的普遍提高，进而推动农村基层民主政治建设。

要保持农村经济增长的较快速度，必须着眼于提升农村劳动力的人力资本，提高农村劳动力的职业技能，加强农村劳动者的职业技能培训。这一切都倚赖农村教育。通过教育，可以使农村劳动者获得专门的知识和能力，从而从一般性的劳动者转化为专门性的劳动者；通过教育，可以改造劳动者形态和促进劳动者横向流动，从而从一种形态的劳动者转化为另一种形态的劳动者；通过教育，也能够把低水平的农村劳动者转化为高水平的农村劳动者。总之，通过教育，能够提高农村劳动力素质。只有提高农村劳动力素质，才能为农村经济可持续发展提供有力支撑。农村教育能够传播、改造和创造文化，从而繁荣文化。首先，农村教师能够传播先进文化。农村普通教育、职业教育和成人教育机构中的教师作为农村为数不多和最具代表的知识分子,作为农村社会知识界的权威,他们的观念、态度和行为极易对学生、学生家长和其他社会成员产生影响,从而将先进的文化观念传播给他们。其次,农村学生能够对父辈施加文化影响。一般认为,儿童学习新文化要快一些,他们往往会成为父母和祖父母的文化解释者。在农村成人文盲和半文盲还存在的情况下,儿童作为新文化的解释者,能够有效地逐渐转变成人的一些陈旧观念和态度。再次,校园文化能够向农村产生文化辐射。校园文化作为农村文化的有机组成部分,必然影响到整个农村文化的发展,并将具有现代特质的文化价值观念引入农村生活,激发农民改造自身文化生活的愿望和热情。最后,农村职业技术教育能够传播科技文化。农村职业技术教育主要是通过对农村学生进行农业科技和其他现代科学技术的传授,渗透一定的科技文化意识,同时也向农民传播相关的现代科学技术和科技文化。

总之,乡村教育必须澄清的三个误区:弱者教育绝不等于"弱质"教育;底层教育绝不等同于"底端"教育;穷人教育绝不等同于"贫穷"教育。乡村学校需要从根本上改变"同情话语"与"帮扶思路"下的发展模式,要成为乡土社会中的文化"故宫"和"子宫"。这也应该是基础教育本质所在。

十八大提出"大力促进教育公平,合理配置教育资源,重点向农村、边远、贫困、民族地区倾斜,支持特殊教育,提高家庭经济困难学生资助水平,积极推动农民工子女平等接受教育,让每个孩子都能成为有用之才"。[①]《国家中长期教育改革和发展规划纲要(2010-2020年)》提出到2020年"基本实现教育现代化"的战略目标。中国实现教育现代化战略目标的重点和难点在乡村。如果乡村教育还没有实现现代化,我们就不能说中国教育实现了现代化。新世纪以来,党和政府一直把农村教育摆在"重中之重"的战略地位,采取了一系列有针对性的特别措施,持续加强农村教育现代化建设,农村教育面貌发生了翻天覆地的变化。但是,与农村百姓的教育期待、党和政府的教育追求相比还有相当大的差距,实现乡村教育现代化的任务还很艰巨。[②]而学校作为是有计划、有组织地进行系统的教育活动的组织机构。是培养人才的摇篮,是为学子的成长和未来事业奠定良好品德及

---

① 杨蕊嘉,张丽娜,李鹤艺.农村学校改革路径探索[J].教学与管理,2015(24):48-51.
② 邬志辉.乡村教育现代化三问[J].教育发展研究,2015(01):53-56.

文化科学知识的第一基础阵地。因此，乡村教育的发展离不开乡村学校的改革。

现在的乡村教育不能一味地追求城市化进程，应该将乡村教育融入乡村社会中，保留乡村社会本土的特色。纵观我国乡村教育发展的漫漫历程，"为农"一直是其最基本的价值追求。不管是从乡村教师的身份还是乡村教师的价值观来看，他们都是"为农"的。[①]这里的"农"不仅指农民、农村、农业，更是指整个乡村社会。乡村社会发展数千年，积累了浓厚的乡土气息，深厚的乡村文化、传统，有着特有的朴实、勤劳、亲近自然的特性。而现在乡土的气息离我们的学生越来越远，脱离乡村社会，乡村教育的目的、方向就应该是将刻进我们骨子里的乡土呼唤出来。上海市曹王小学校长俞建明的《新田园课程：情愫与文化》中提到应该让孩子们在田园里放飞梦想，让每一颗种子都有成长的时空和充足的养料。培养"有梦想、会学习，亲乡土、会生活，爱科学、会探究，能生存、会合作"的学生。这应该是现代乡村教育的目标，让学生在乡村生活中学习，学习为了生活。亲近乡村社会，体会乡村社会特有的文化传统，促进学生适应各种社会环境。

因此，乡村开设的学校应该是现代的、田园式的。现代化要求我们倡导"积极过程主义的教育现代化"实践观，即关注"当下"比关注"未来"更重要，解决"问题"比实现"目标"更重要。"积极过程主义的教育现代化"也强调，教育现代化是整体性的，既要向外部系统开放，还要重视系统内部交流，使学校向社会开放，让教育与日常生活联系。田园式则要求我们学习联系乡村实际，不仅要教会学生农村生活、精神，也要普及现代化农业，促进学生发展。

总而言之，理想的乡村教育是由学校、家庭、社会三位一体共同营造的为促进学生快乐成长、全面发展的一种适应社会需求的生活化教育。

这里非常重要的是，要给教师注入"恋乡教育"的基因。在这方面，我们也有所探讨和实践。比如，开设《教育与乡村社会发展》课程，这门课程不是讲知识，而是讲、议、读，特别是提倡学生阅读。通过大量的阅读，了解过去、现在和未来，了解农村，了解乡村教育。该课程仅有36学时，且仅仅是考察课程，但学生的参与积极性却很高。下面提供一份案例。

---

① 李森，汪建华. 我国乡村教育发展的历史脉络与现代启示[J]. 西南大学学报（社会科学版），2017（01）：61-69.

乡村教育与乡村教育运动

喻卿、邓阳坤、白洁、陈庆、王蓉、杨令

（长江师范学院小教全科 2014 级 1 班）

目录

一、乡村教育运动的定义

（一）乡村的定义

1. 行政性定义

2. 职业性定义

3. 生态性定义

（二）乡村教育的定义

（三）乡村教育运动的定义

二、中国近代乡村教育的发展规律

（一）"为农"是乡村教育发展的基本价值取向

（二）乡村教育在国家与乡土社会的相互博弈中向前发展

（三）传统文化对乡村教育影响的二重性

三、中国近现代乡村教育发展历史回顾

（一）中国近代乡村教育运动产生的国内时代背景

1. 独特的社会现象：近代中国乡村的危机

2. 空前的文化教育危机："旧辙已破，新轨未立"

（二）中国近代乡村教育运动产生的外部原因

（三）中国近代乡村教育运动历史演变历程

1. 五四时期乡村教育运动的萌芽

2. 20 世纪 30 年代乡村教育运动的发展与高潮

3. 抗日、解放战争时期的转轨

四、主要教育思想家及教育理论

（一）陶行知的生活教育理论与实践

1. 教育实践活动
2. 生活教育理论
3. 生活教育理论的现代启示
4. 生活教育理论对当今教育改革的启示

（二）梁漱溟的乡村建设理论与实践

1. 梁漱溟对教育道路的早期探索
2. 乡村建设理论的产生
3. 乡村建设实践
4. 乡村建设教育思想的特点
5. 梁漱溟关于乡村建设的具体推进方法
6. 教育作为乡村建设手段之评价

（三）黄炎培的大职业教育理论与实践

1. 黄炎培的大职业教育思想
2. 黄炎培的大职业教育思想发展历史
3. 黄炎培的大职业教育思想理论的实践
4. 黄炎培的大职业教育思想对现代教育的启示

（四）雷沛鸿的国民基础教育理论与实践

1. 雷沛鸿国民基础教育理论
2. 雷沛鸿国民基础教育运动的发展历程
3. 雷沛鸿国民基础教育运动的理论与实践
4. 雷沛鸿发展国民基础教育运动的主要措施
5. 雷沛鸿国民基础教育的启发和借鉴意义

（五）晏阳初的平民教育理论与实践

1. 晏阳初生平
2. 晏阳初的平民教育思想起源
3. 晏阳初的平民教育思想
4. 晏阳初平民教育实践
5. 晏阳初教育思想的实践影响与现实启示

（六）卢作孚的"教育救国论"乡村现代化
1. 理论产生的时代背景
2. 教育实践
3. 卢作孚教育思想的启示
五、中国近代乡村教育运动的基本特点
（一）深固的忧患意识
（二）忠贞的爱国热忱
（三）崇高的使命感和事业心
（四）执著的探索精神
六、中国近代乡村教育运动的基本经验
（一）认识到乡村教育是农村整体改造的关键
（二）提出与实施大教育观
（三）意识到中国教育的重点和难点在农村
（四）意识到义务教育、成人（业余）教育与职业技术教育应该并举
（五）从实际出发，因地制宜，教劳结合
七、中国近代乡村教育运动的借鉴
（一）近代乡村教育理论、实践与激情的融合，造就出一代伟大的教育家
（二）从"教育救国"到"科教兴国"
（三）从"乡村改造"到"农村教育综合改革"
八、中国近代乡村教育运动对当今中国乡村教育改革的启示
（一）因地制宜，充分利用当地教育资源发展农村教育
（二）以人为本，注重对人的全面教育，树立大教育观
（三）落实农村教育由谁负责的问题
（四）应鼓励知识分子投入到乡村教育中去
九、中国近代乡村教育运动的得与失
（一）20世纪二三十年代乡村教育运动的局限性
（二）20世纪二三十年代乡村教育运动的历史贡献
十、总结
十一、参考文献

全文6万余字，我们在这里选取一个部分和参考文献，看看学生学习力提高的程度，特别是文献引用的规范和准确。

六、中国近代乡村教育运动的基本经验

（一）认识到乡村教育是农村整体改造的关键

乡村教育先驱们正确地认识到，农村是社会的重要组成部分或"一种社会组织"，是一个综合性的整体，它是由政治、经济、文化、教育等各种因素立体交叉和交互影响的动态系统。因此，农村的改造或建设不是单向的、孤立的，而是一个综合治理的系统工程。在这个复杂的改造工程中，教育既是改造的工具或手段，也是一个过程。它着眼于人的基本素质的培养和提高，最终通过高素质的人来实现民族的振兴和国家的腾飞，因此，教育成了乡村改造的关键环节。正如晏阳初所说"整个乡村的建设，当然要从政治、文化、经济、卫生种种方面着眼，同时并进，不容稍有偏颇。但是各种建设的成功，自需经过一个教育阶段。教育成功，一切建设才有希望。所以，'教育建设'在整个农村建设工作中，占了比较重要的地位。以教育的总动员，引发并开展其他方面的工作。同时，'政治建设''经济建设''卫生建设'均与'教育建设'有其不可分性存乎其间。"[159]

（二）提出与实施大教育观

乡村教育先贤们所倡行的教育，不是一般意义上的狭义的教育，而是一种涵盖广泛的宏观教育即大教育观。黄炎培反思了职业教育社办职业教育的实践经历及成败得失后，提出了"大职业教育主义"的观念；陶行知提出的生活教育本身就涵盖了学校教育、家庭教育和社会教育，是典型的宏观教育观念；梁漱溟则提出了"真教育"的概念。他强调学校教育与社会教育"合流"，两者"融合归一"，并主张教育宜放长至成年乃至终生。所以，他对社会教育、成人教育、终身教育特别重视，认为这是教育上的主要工作；此外王拱璧也认为，将教育局限于学校之内是不合理的，应当将教育范围扩大……[160]

（三）意识到中国教育的重点和难点在农村

乡村教育家们认识到中国的教育问题，大头在农村，重点在农村，关键在农村，难点在农村，这是他们的真知灼见和共识。首先，中国教育重点在农村。教育对象的数量重在农村。中国是农业大国，百分之八十以上的人口聚集于农村，而城市人口仅占百分之二十左右。从数量来看，教育重点放在农村是毫无疑义的。教育对象的质量也重在农村。民族要兴，国家要富强，关键是提高民族的基本素质。所谓提高民族的基本素质，当然不是只提高少数人的素质，而是全体国民。而我们民族的绝大多数是聚居在各地农村，所以，提高民族基本素质的重点也必

然在农村。基础教育是小学,小学的大头在农村。其次,中国教育的难点是农村教育,晏阳初在推行平民教育、乡村建设的过程中,发现几大困难是具代表性的:第一是"穷难",第二是"文难",第三是"财难",第四是"忙难"。[161]

(四)意识到义务教育、成人(业余)教育与职业技术教育应该并举

乡村教育领袖们认为,在乡村办教育既不能模仿和抄袭外国的教育模式,也不能一仍旧章,沿用清末民初的旧教育,应该而且必须结合当时中国的基本国情和民族的时代需要来办乡村教育。教育应该既有普通教育,也有成人教育、职业教育、业余教育等。乡村教育先师们主张和实施的教育,既包括学校教育,也包括社会教育;既有普通教育,也有成人教育、职业技术教育等。[162]

(五)从实际出发,因地制宜,教劳结合

兴办乡村教育和乡村建设,必须从各地的实际情况出发,因地制宜,因陋就简;既不能照搬产业社会国家的模式,也不能原封不动照抄本国别的地方的做法,一定要考虑本地区的经济背景和民众的生活状况。为此,在兴办乡村教育和乡村建设时,应当首先调查研究,在了解情况和需要的基础上,制定出切实可行的实施方案。在实施过程中,先进行小范围的试点,在取得经验后,再逐步推广,扩大规模,以期达到实验目的。其次,乡村教育要在"劳力上劳心""用心以制力",做到教劳结合。陶行知在讲到"教学做合一"时指出,"做是学的中心","只有手到心才能真正做到",可见做之重要。再次,乡村教育只能用穷办法。用穷办法首先解决教师的问题,这就是陶行知所创造的"小先生47制"和群众中得热心骨干。最后,在办学形式上,乡村教育要多形式、多规模、多层次、多渠道,机动灵活,办出特色,不能一个模式、一刀切。[163]

十一、参考文献

[1] [2] [6] [7] [8] [9]李森,汪建华. 我国乡村教育发展的历史脉络与现代启示[J]. 西南大学学报(社会科学版),2017(01):61.

[3] [4] [5]张小林. 乡村概念辨析[J]. 地理学报,1998(4):365-366.

[10] [15] [16]谭小雄. 从20世纪二三十年代乡村教育运动看当前农村教育改革[D]. 长沙:中南大学,2007:1-43.

[11] [12] [13] [14]李森,汪建华. 我国乡村教育发展的历史脉络与现代启示[J]. 西南大学学报(社会科学版),2017(01):61.

[17]毛泽东选集(第一卷)[M]. 北京:人民出版社,1991:302.

[18][19][21]苗春德. 中国近代乡村教育史[M]. 北京：人民教育出版社，2004：33，43，45.

[20] 中央大学教科所. 教育研究[M]. 1928（6）.

[22]童富勇. 论乡村教育运动的发轫兴盛及其意义[J]. 浙江学刊，1998（02）：112-116.

[23]张彬，李更生. 中国农村教育改革的先声——对20世纪20年代至30年代乡村教育运动的再认识[J]. 2002（05）：124-131.

[24][25][28]苗春德. 中国近代乡村教育史[M]. 北京：人民教育出版社，2004：47，48，50.

[26]华中师范学院教育科学研究所. 陶行知全集（第五卷）[M]. 长沙：湖南教育出版社，1985：48.

[27]毛泽东选集（第一卷）[M]. 北京：人民出版社，1991：40.

[29][30][32]苗春德. 中国近代乡村教育史[M]. 人民教育出版社，2004：50，51，55.

[31]李铁媛，郭培培. 中国近代乡村教育运动的经验教训及启示[J]. 临沧师范高等专科学校报，2013（02）：45-50.

[33][34][35][36]苗春德. 中国近代乡村教育史[M]. 人民教育出版社，2004（11）：118，119，120，120，121.

[37][38][39]陈霞. 陶行知教育思想对现代教育的意义[J]. 甘肃科技，2009（03）：156-157.

[40][41][42][43]张园园，张勇. 陶行知生活思想探析[J]. 福建党史：，2008：108-110.

[44][45][46]杨振升. 陶行知生活教育理论对当今教育改革的启示[J]. 教育与职业，2006（08）：11-12.

[47][48][49][50][51]吴洪成. 梁漱溟对教育道路的早期探索——山东曲阜大学的设计与曹州中学改革[J]. 河北师范大学学报（教育科学版），2016（06）：23-30.

[52]苗春德. 中国近代乡村教育史[M]. 北京人民教育出版社，2004：167.

[53]张彬，李更生. 中国农村教育改革的先声——对20世纪20年代至30年代乡村教育运动的再认识[J]. 浙江大学学报（人文社会科学版），2002（05）：124-130.

[54] [67]张金金.陶行知与梁漱溟乡村教育思想的比较及启示[J].职业教育研究,2014:178-180.

[55]杨金卫.梁漱溟乡村建设实验的主旨及其当代价值[J].山东大学学报(哲学社会科学版),2006(05):126-133.

[56] [71][72]贾可卿.梁漱溟乡村建设实践的文化分析[J].北京大学学报(哲学社会科学版),2003(01):115-120.

[57][58][59]熊春文.以理性复兴中国、以学校组织社会——对梁漱溟乡村建设及乡村教育思想的社会学解读[J].山东大学学报(哲学社会科学版),2007:26-43.

[60][61][62][63][64][65][66]胥仕元.教育:梁漱溟乡村建设之途径[J].当代世界社会主义问题,2005(03):47-52.

[68]赵晓林.20世纪二三十年代"乡村教育运动"的特点及其现实启迪[J].陕西师范大学学报(哲学社会科学版),2006(02):124-128.

[69] [70]胥仕元.教育:梁漱溟乡村建设之途径[J].当代世界社会主义问题,2005(3):47-52.

[73]徐福来,李雪.刍论梁漱溟乡村建设运动的理论困境[J].南昌大学学报(人文社会科学版),2009(06):27-31.

[74]黄勇樽,李晓兰.乡村教育运动先驱者的教育精神——以黄炎培、陶行知、晏阳初、梁漱溟、卢作孚为典型代表[J].教育与教学研究.2014(06):5-37.

[75][76]叶凤刚.黄炎培农村教育思想及其当代启示[J].继续教育研究.2008(07):16-18.

[77][78] [82]胡均伟,王智.梁漱溟和黄炎培乡村教育思想比较研究[J].湖北职业技术学院学报.2013(12):12-16.

[79][80][81][83][84]叶凤刚.黄炎培农村教育思想及其当代启示[J].继续教育研究.2008(07):16-18.

[85][86][87][88]蔡梓权.国民基础教育运动与雷沛鸿教育思想[J].百色学院学报.1998(03):37-40.

[89][90][91][92][93]陈时见.雷沛鸿国民基础教育理论与实践及其借鉴意义[J].广西师范大学学报(哲学社会科学版,1996(09):77-81.

[94][95][96]蔡梓权.国民基础教育运动与雷沛鸿教育思想[J].百色学院学报.1998(03):37-40.

[97][98][99][100]陈时见. 雷沛鸿国民基础教育理论与实践及其借鉴意义[J]. 广西师范大学学报（哲学社会科学版）, 1996（09）：77-81.

[101][102] [104] [129][130][131][132]秦克涛. 晏阳初的平民教育思想及爱国实践[J]. 兰台世界, 2011：24-25.

[103]覃卫国, 徐健. 试论中国乡村教育运动兴起的原因[J]. 南宁师范高等专科学校学报, 2007（01）：33-35.

[105][106]张晓珊. 平民主义思潮下的晏阳初职业教育思想探究[J]. 兰台世界, 2013：95-96.

[107] [110] [111] [112][113][114][115]唐宇茹. 晏阳初与陶行知平民教育思想比较研究[J]. 西北成人教育学院学报, 2017（01）：21-24.

[108] [123][124][125][126][127]张晓珊. 平民主义思潮下的晏阳初职业教育思想探究[J]. 兰台世界, 2013：95-96.

[109]覃卫国, 徐健. 试论中国乡村教育运动兴起的原因[J]. 南宁师范高等专科学校学报, 2007（01）：33-35.

[116][117][118][119][120][121] [134][135][136]余万斌. 晏阳初教育思想对当代教育的启示[J]. 教育探索, 2014（4）：3-4.

[122]黄勇樽. 民国乡村教育运动对特岗教师和大学生村官的启示[J]. 教育与教学研究, 2013（08）：29-45.

[128]成必成. 民国"乡村教育运动"及其对农村教育改革的启示[J]. 教学与管理, 2014：25-27.

[133]王彬. 晏阳初乡村教育话语的知识社会学反思[J]. 当代教育科学, 2016（11）：56-60.

[137] [141] [148] [152]刘来兵. 民生主义视野下卢作孚的区域教育现代化建设[J]. 湖北社会科学, 2015（03）：86-91.

[138]卢作孚. 卢作孚文集［M］. 凌耀伦, 熊甫编. 重庆：西南师范大学出版社, 1991.

[139] [142]吴洪成, 陈兴德. 卢作孚教育思想及其实践活动述论[J]. 西南师范大学学报（人文社会科学版）, 2000（05）：154-160.

[140]卢国纪. 我的父亲卢作孚[M]. 重庆：重庆出版社, 1984.

[143]田海蓝, 周凝华. 卢作孚的教育生涯及教育思想[J]. 武汉交通管理干部学院学报, 2003（1）：25.

[144]卢作孚. 四川人的大梦其醒[M]. 建设，1930（1）.

[145]陈兴德. 论民族实业家卢作孚的教育追求[M]. 西南交通大学学报（社会科学版），2003（2）：94-95.

[146]吴洪成，郭丽平，秦毅，等. 教育开发西南：卢作孚的事业与思想[M]. 重庆出版社，2006：35.

[147]卢作孚. 四川嘉陵江三峡的乡村运动[M]中华教育界，1934（10）.

[149]陈兴德. 论民族实业家卢作孚的教育追求[M]. 西南交通大学学报（社会科学版），2003（2）：96-97.

[150]吴洪成，郭丽平，秦毅，等. 教育开发西南：卢作孚的事业与思想[M]. 重庆出版社，2006：47.

[151]卢作孚. 乡村建设[M]，1935.

[153]何强，刘倩. 现代化视域下卢作孚乡村教育实践探究[J]. 教育探索. 2016（02）：4-6.

[154]田海蓝，周凝华. 卢作孚的教育生涯及教育思想[J]. 武汉交通管理干部学院学报，2003（1）：25.

[155][156][157][158]苗春德. 论20世纪上半叶"乡村教育"运动的基本特点[J]. 河南大学学报，2003（1）：117-123.

[159][160][161][162][163]李铁媛，郭培培. 中国近代乡村教育运动的经验教训及启示[J]. 临沧师范高等专科学校学报，2013（02）：45-50.

[164][165][166][167][168][169]张彬，李更生. 中国农村教育改革的先声——对20世纪20年代至30年代乡村教育运动的再认识[J]. 2002（05）：124-131.

[170][171][172][173]李铁媛，郭培培. 中国近代乡村教育运动的经验教训及启示[J]. 临沧师范高等专科学校报，2013（02）：45-50.

[174][175][176][177][178][179][180]谭小雄. 从20世纪二三十年代乡村教育运动看当前农村教育改革[D]. 长沙：中南大学，2007：1-43.

[181]中央教育科学研究所. 陶行知教育文选[M]. 教育科学出版社，1981：58.

[182]根培. 高呼建设中之农村问题[J]. 村治，1卷10期.

[183]王剑、冯建军. 对我国农村教育城市化的审视[J]. 教育发展研究，2005（8）.

[184]童富勇. 论乡村教育运动的发轫兴盛及其意义[J]. 浙江学刊，1998（2）：112.

参考文献

[1] 佛罗斯特. 西方教育的历史和哲学基础[M]. 吴元训，译. 北京：华夏出版社，1987：45.

[2] 王焕勋. 马克思教育思想研究[M]. 重庆：重庆出版社，1988：186.

[3] [美]约翰·D·麦克尼尔. 课程导论[M]. 施良方，等，译. 沈阳：辽宁教育出版社，1990：145-146.

[4] 杨爱程. 简评美国总统布什的教育方略《美国 2000 计划》[J]. 比较教育研究，1992（4）：44-48.

[5] 瞿葆奎. 教育学文集·英国教育改革[M]. 北京：人民教育出版社，1993.

[6] 顾美玲. 战后日本五次中小学课程改革述论[J]. 四川师范大学学报，1994（3）：104-112.

[7] 联合国教科文组织. 教育——财富蕴藏其中[M]. 北京：教育科学出版社，1996.

[8] 联合国教科文组织. 学会生存[M]. 北京：教育科学出版社，1996.

[9] 高红梅. 开展与美国"2061 计划"的合作研究促进我国基础科技教育改革[J]. 教育与现代化，1997（3）：67-71.

[10] 赵中建. 在"轻松宽裕"中培养学生的"生存能力"——日本《面向 21 世纪我国教育的发展方向》咨询报告述评[J]. 现代教育论丛，1997（5）：26-28.

[11] 丁笑炯. 近年来我国个别化教学研究述要[J]. 上海教育科研，1997（4）：12-17.

[12] 国家教育发展研究中心. 发达国家教育改革的动向和趋势（第 6 集）[M]. 北京：人民教育出版社，1999.

[13] [加拿大]迈克·富兰. 变革的力量——透视教育改革[M]. 中央教育科学研究所，加拿大多伦多国际学院，译. 北京：教育科学出版社，2000.

[14] 白月桥. 俄罗斯课程改革的具体剖析及其借鉴意义（上）[J]. 首都师范大学学报（社会科学版），2000（6）：105-115.

[15] 汪霞. 国外中小学课程演进[M]. 济南：山东教育出版社，2000.

[16] 《教育规划纲要》工作小组办公室. 教育规划纲要学习辅导百问[M]. 教育科学出版社，2010.

[17] 姚诗鸣. "周围世界"——俄罗斯小学一至四年级的一门课程[J]. 外国中小学教育，2001（1）：43-46.

[18] 李建年，陈晓筑. 关于"分层教学"的理论及策略[J]. 贵州教育学院学报（社会科学版），2001（6）：40-43.

[19] 教育部. 基础教育课程改革纲要（试行）[Z]. 教基[2001]17号.

[20] 钟启泉. 世界课程改革趋势研究[M]. 北京：北京师范大学出版社，2001.

[21] 白彦茹. 日本中小学课程改革述评[J]. 比较教育研究，2002（S1）：253-258.

[22] 王义高. 俄《联邦教育发展纲要》的要点分析[J]. 比较教育研究，2002（1）：31-36.

[23] 林宠明. 对信息化社会人才素质和教育的理性思考[J]. 教育探索，2002（6）：33-35.

[24] 李协京. 从基础教育课程改革看日本注重发展个性的教育[J]. 比较教育研究，2002（S1）：234-238.

[25] 高益民. 日本教育改革的新自由主义侧面[J]. 清华大学教育研究，2002（6）：45-52.

[26] 刘复兴. 我国教育政策的公平性与公平机制[J]. 教育研究，2002（10）：45-50.

[27] 课程教材研究所. 综合课程论[M]. 北京：人民教育出版社，2003.

[28] 阚兆成. 新课程：素质教育观念的重要实践[J]. 当代教育科学，2003（2）：22-24.

[29] 夏心军. 日本义务教育课程改革及其启示[J]. 教学与管理，2003（2）：78-80.

[30] 靳玉乐. 多元文化背景中基础教育课程改革的基本思路[J]. 教育研究, 2003（12）: 73-74.

[31] 陈晓瑞. 当代英国中小学课程与教学改革探析[J]. 教育研究, 2003(4): 80-85.

[32] 杨雅琼. 二战以来英国小学课程发展与变革的研究[D]. 兰州: 西北师范大学, 2004.

[33] 冯生尧. 课程改革: 世界与中国[M]. 广州: 广东教育出版社, 2004.

[34] 吕达, 周满生. 当代外国教育改革著名文献(日本、澳大利亚卷)[M]. 北京: 人民教育出版社, 2004.

[35] 乔莉莉, 赵惠芳. 俄罗斯普通教育高年级专业化课程实施之管窥[J]. 外国教育研究, 2004（9）: 18-21.

[36] 祝怀新. 英国基础教育[M]. 广州: 广东教育出版社, 2004.

[37] 崔成前. 日本中学课程改革及其启示[J]. 辽宁教育研究, 2004（7）: 46-48.

[38] 王智新, 潘立. 日本基础教育[M]. 广州: 广东教育出版社, 2004.

[39] 张菊荣. "新课改"三思[J]. 教书育人, 2005（9）: 22-23.

[40] 彭寿清. 日本基础教育课程改革及特点[J]. 当代教育科学, 2004（18）: 46-48.

[41] 陈培瑞. 基础教育新课改: 反观与前瞻后的沉思[J]. 教育学术, 2004（Z1）: 3-5.

[42] 杨军. 英国促进基础教育均衡发展政策综述[J]. 外国教育研究, 2005（12）: 6-10.

[43] 裴子篆. 日本反思宽松教育[EB/OL]. http://edu.sina.com.cn/m/2005-04-12/110822.html.

[44] 劳凯声. 公共教育体制改革中的伦理问题[J]. 教育研究, 2005(2): 3-11.

[45] 方明生. 日本课程改革的线路图与风向标——简评《现代日本教育课程改革》[J]. 教育发展研究, 2005（18）.

[46] 张男星. 俄罗斯国家课程标准述评[J]. 课程·教材·教法, 2005(6): 90-96.

[47] 田静. 20世纪90年代以来日本的基础教育课程改革[D]. 昆明: 云南师范大学, 2005.

[48] 靳玉乐，艾兴. 新课程改革的理论基础是什么[N]. 中国教育报，2005-05-28（03）.

[49] 崔国富. 课程改革中，两种教育观应有正确的选择[N]. 中国教育报，2005-10-22（03）.

[50] 马福迎. 对《靳文》有些观点，不敢苟同[N]. 中国教育报，2005-08-13（03）.

[51] 高欣，叶赋桂，赵伟. 俄罗斯关于普通教育标准的争论[J]. 清华大学教育研究，2005（6）：73-77.

[52] 张男星. 试析俄罗斯课程内容和评价手段的变化[J]. 俄罗斯研究，2006（1）：75-78.

[53] 王本陆. 论中国国情与课程改革[J]. 北京师范大学学报（社会科学版），2006（4）：18-27.

[54] 杨亚敏. 21世纪初美国农村基础教育改革研究[D]. 昆明：云南师范大学，2006.

[55] 国家督导团. 国家教育督导报告2005——义务教育均衡发展：公共教育资源配置状况[J]. 教育发展研究，2006（5）：1-8.

[56] 白美玲. 当代俄罗斯基础教育课程改革研究[D]. 上海：华东师范大学，2006：12-15.

[57] 翟俊卿. 英国《为了全体学生：更高的标准，更好的学校》白皮书评述[J]. 世界教育信息，2006（3）：16-19.

[58] 潘新民，张薇薇. 必须走出后现代知识观——试论科学知识教育的作用与价值[J]. 教育学报，2006（4）：18-21.

[59] 张琳. 现代性：规范、反思、建构——对当代中国现代性建构的思考[J]. 江海学刊，2006（1）：210-216.

[60] 宋一苇. 后现代在中国：时尚的？还是批判的？[J]. 中国图书评论，2006（3）：25-28.

[61] 崔允漷，汪贤泽. 基础教育课程改革的意义、进展及问题[J]. 全球教育展望，2006（1）：31-35.

[62] 刘绎华. 软实力——知识经济时代核心竞争力的关键[J]. 求实，2006（12）：71-74.

[63] 沈晓敏, 市川博. 日本教材的编写机制[J]. 现代教学, 2007（3）: 54-57.

[64] 石少岩. 俄罗斯普通教育国家标准研究[D]. 北京: 首都师范大学, 2007: 38-42.

[65] 刘春修. 日本高中的个性化课程设置[N]. 中国教育报, 2007-03-26（8）.

[66] 高玉洁. 俄罗斯《普通教育国家教育标准》研究[D]. 南京: 南京师范大学, 2007: 31-32.

[67] 朱成科. 基于基础教育改革的课程哲学反思——关于"新课程改革"三个理论问题的探讨[J]. 当代教育科学, 2007（10）: 3-7.

[68] 李茂. 日本颁布最新《学习指导要领》宽松教育即将谢幕[N]. 中国教师报, 2008-02-27（5）.

[69] 李建忠, 刘松年.《俄罗斯联邦教育法》对我们的若干启示[J]. 教育探索, 2008（9）: 142-143.

[70] 国家督导团. 国家教育督导报告 2008（摘要）——关注义务教育教师[J]. 教育发展研究, 2009（1）: 1-5.

[71] 刘长庆. 英国也"不让一个孩子掉队"——《你的孩子, 你的学校, 我们的未来: 建设 2 世纪学校系统》白皮书评析[J]. 上海教育, 2009（10B）: 41-43.

[72] 汪霞. 新世纪发达国家基础教育课程改革的背景、理念及启示[J]. 外国中小学教育, 2009（8）: 1-6.

[73] 王青汉. 英国基础教育改革值得借鉴的几个特点[J]. 基础教育, 2009（9）: 18-21.

[74] 武云斐.《不让一个孩子掉队》法案的理想与现实[J]. 基础教育, 2009（11）: 53-59.

[75] 白晓红. 普京的"俄罗斯思想"[J]. 东欧中亚研究, 2000（2）: 73-77.

[76] 李荣田. 追求卓越——20 世纪末美国基础教育改革[D]. 济南: 山东师范大学, 2010.

[77] 顾明远. 教育考试评价制度比较研究[M]. 北京: 人民教育出版社, 2010.

[78] 臧佩红. 日本近现代教育史[M]. 北京: 世界知识出版社, 2010.

[79] 教育部新闻办公室,中央教育科学研究所. 对话教育热点 2009[M]. 北京:教育科学出版社,2010.

[80] 马德益. 新世纪日本中小学课程改革阻力及调适[J]. 外国中小学教育,2010(2):11-16.

[81] 王志强.《2009 美国复苏与再投资法案》教育项目解读[J]. 比较教育研究,2010(4):62-66.

[82] 颜阳,魏戚光. 日本近代基础教育课程改革的特点及启示[J]. 课程教材教学研究:中教研究,2010(5):6-7.

[83] 张姝芝. 促进平等,追求卓越[D]. 保定:河北大学,2011.

[84] 刘楠,肖甦. 21 世纪以来俄罗斯推动义务教育城乡均衡发展的政策述评[J]. 比较教育研究,2011(8):70-74.

[85] 王旭阳,肖甦. 俄罗斯现行教育质量评估体系述评[J]. 比较教育研究,2011(2):76-80.

[86] 焦晓骏. 将学习的主动权还给学生——有关英国教育的四个话题[J]. 江苏教育,2011(6):30-32.

[87] 邢红军. 中国基础教育课程改革:方向迷失的危险之旅[J]. 教育科学研究,2011(04):5-21.

[88] 邢红军. 再论中国基础教育课程改革:方向迷失的危险之旅[J]. 教育科学研究,2011(10):5-22.

[89] 李莉. 俄罗斯国家统一考试十年发展述评[J]. 俄罗斯中亚东欧市场,2011(10):49-54.

[90] 阿依提拉·阿布都热依木. 民族政策推动下的俄罗斯民族教育发展及其政策特征[J]. 比较教育研究,2012(2):60-64.

[91] 弓丽娜. 论日本高中课程设置对我国素质教育的启示与建议[J]. 太原大学教育学院学报,2012(2):6-10.

[92] 张晓蕾. 英国基础教育质量标准《国家课程》及监控系统[J]. 全球教育展望,2012(5):42-48.

[93] 缪学超. 布朗执政时期英国基础教育政策文本分析[J]. 当代教育理论与实践,2012(9):10-13.

[94] 贝文力，顾恒. 俄罗斯普通高中侧重专业式教学研究[J]. 教育发展研究，2012（20）：37-40.

[95] 娜斯佳. 近20年俄罗斯教学论研究和教学实践改革[D]. 哈尔滨：哈尔滨师范大学，2012：39-41.

[96] 邢红军. 三论中国基础教育课程改革：方向迷失的危险之旅[J]. 教育科学研究，2012（10）5-23.

[97] 李艳辉. 俄罗斯基础教育创新发展动向及启示[J]. 中国教育学刊，2013（2）：89-92.

[98] 王策三. 应该尽力尽责总结经验教训——评"十年课改：超越成败与否的简单评价"[J]. 教育科学研究，2013，（6）：7-19.

[99] 马宇. 英国2020基础教育发展目标与政策实施[J]. 教育与管理，2013（1）：86-88.

[100] 徐福荫，黄慕雄. 教育技术协同创新与多元发展[M]. 北京：北京邮电大学出版社，2013：58-63.

[101] 夏雪梅. 基于学生核心素养的学校课程建设：水平划分与干预实例[J]. 课程·教材·教法，2013（7）：11-16.

[102] 张韫. 大数据改变教育——写在大数据元年来临之际[J]. 中小学教育，2013（8）：29-32.

[103] 张娜. DeSeCo项目关于核心素养的研究及启示[J]. 教育科学研究，2013（10）：39-44.

[104] 喻长志. 大数据时代教育的可能转向[J]. 中小学教育，2013（10）：3-6.

[105] 和学新，高飞. 新世纪以来俄罗斯基础教育课程改革及其启示[J]. 当代教育与文化，2014（1）：41-49.

[106] 辛涛，姜宇. 基于学生核心素养的课程体系建构[J]. 北京师范大学学报（社会科学版），2014（1）：5-11.

[107] 付谢好，和学新. 新世纪以来美国基础教育课程改革及其启示[J]. 河北师范大学学报（教育科学版），2014（3）：53-60.

[108] 杨静. 新世纪以来日本基础教育课程改革及其启示[J]. 河北师范大学学报（教育科学版），2014（3）：61-67.

[109] 张楠. 新世纪以来英国基础教育课程改革及其启示[J]. 河北师范大学学报（教育科学版），2014（3）：68-75.

[110] 邵光华，卢萍. 我国基础教育研究热点透视与趋势展望[J]. 宁波大学学报（教育科学版），2014（6）：50-55.

[111] 孙杰远. 中小学校长专业发展的创新实践[R]. 广西师范大学教育科学学院，2014.

[112] 施久铭. 核心素养：为了培养"全面发展的人"[J]. 人民教育，2014（10）：13-15.

[113] 郭建鹏. 基础教育课程改革理念的反思与建构——基于学习心理学的视角[J]. 教育科学，2015（8）：36-40.

[114] 郭元祥. 课堂教学改革的基础与方向——兼论深度教学[J]. 教育研究与实验，2015（6）：1-6.

[115] 邵朝友，周文叶，崔允漷. 基于核心素养的课程标准研制：国际经验与启示[J]. 全球教育展望，2015（8）：14-22.

[116] 李艺，钟柏昌. 谈"核心素养"[J]. 教育研究，2015（9）：18-23.

[117] 常珊珊，李家清. 课程改革深化背景下的核心素养体系构建[J]. 课程·教材·教法，2015（9）：29-35.

[118] 朱小曼. 将学生核心素养的发展作为小学教育的使命[J]. 人民教育，2015（13）：19-21.

[119] 顾明远. 核心素养：课程改革的原动力[J]. 人民教育，2015（13）：17-18.

[120] 李帆. 核心素养，一枚改变教育内涵的"楔子"[J]. 人民教育，2015（24）：18-20.

[121] 钟启泉. 基于核心素养的课程发展：挑战与课题[J]. 全球教育展望，2016（1）：3-24.

[122] 褚宏启. 核心素养的概念与本质[J]. 华东师范大学学报（教育科学版），2016，（1）：1-3.

[123] 崔允漷. 素养：一个让人欢喜让人忧的概念[J]. 华东师范大学学报（教育科学版），2016（1）：3-5.

[124] 辛涛. 学生发展核心素养研究应注意几个问题[J]. 华东师范大学学报（教育科学版），2016（1）：6-7.

[125] 张华. 核心素养与我国基础教育课程改革再出发[J]. 华东师范大学学报（教育科学版），2016（1）：7-9.

[126] 石鸥. 核心素养的课程与教学价值[J]. 华东师范大学学报（教育科学版），2016（1）：9-11.

[127] 余文森. 从三维目标走向核心素养[J]. 华东师范大学学报（教育科学版），2016（1）：11-13.

[128] 蔡清田. 国民核心素养之课程统整设计[J]. 上海教育科研，2016（02）：5-9.

[129] 史宁中. 推进基于学科核心素养的教学改革[J]. 中小学管理，2016（2）：19-21.

附录：涪陵区名师、名校长工作室年度工作情况统计表

工作室名称：查建华名校长工作室　　　　统计时间：2016 年 12 月 30 日

	活动内容	时间	地点	活动形式	与会人数
活动开展	1. 学校发展的潜力在于不断创新	2016.05.10	实验小学天湖校区	培训研讨	10
	2. 学校管理实践中的问题意识	2016.06.19	清溪镇中心校	培训研讨	10
	3. 学校管理要有"三情"和"三意识"	2016.10.16	实验小学天湖校区	培训研讨	9
	4. 化腐朽为神奇、如何正视教育理想与教育现实间的不和谐	2016.11.01	马武镇中心校	培训研讨	9
	5. 在互联网+背景下的学校管理、2015互联网+天湖共识	2016.12.20	实验小学天湖校区	培训研讨	9
	6. 如何打造班级文化	2016.05.10	实验小学天湖校区	校际交流	10
	7. 跳踢特色学校创建工作	2016.05.10	清溪镇中心校	校际交流	10
	8. 年级组教研活动开展	2016.05.10	义和镇中心校	校际交流	9
	9. 留守儿童关爱体制建设	2016.05.10	马武镇中心校	校际交流	9
	10. 美术特色学校创建工作——黑白线描画	2016.05.10	荔枝希望小学	校际交流	9
	11. 校园文化建设、特色学校建设工作	2016.06.19	清溪镇中心校	下校指导交流	
	12. 乡村少年宫活动开展工作、足球特色学校推进工作	2016.10.12	蔺市镇中心校	下校指导交流	
	13. 教学研究开展工作、教师培训工作	2016.10.28	义和镇中心校	下校指导交流	
	14. 班级文化建设工作、留守儿童关爱体制建设工作	2016.11.01	马武镇中心校	下校指导交流	
	15. 校园文化建设工作	2016.11.18	荔枝希望小学	下校指导交流	
	16. 校本教研的有效性与实效性	2016.11.27	焦石镇中心校	下校指导交流	

	课题名称	参研人	批准单位	立项时间	是否结题
承担课题	1. 小学生课外阅读兴趣及策略的研究	查建华	重庆市涪陵区教育科学研究所规划办	2009.01	是
	2. 远程教育班班通对传统课堂教学和学生学业方式的影响研究	查建华	重庆市涪陵区教育科学研究所规划办	2012.02	正在结题中
	3. 推进学校校本课程建设策略研究	查建华	教育部基础教育课程教材发展中心	2015.03	否
	4. 群文阅读中课内阅读与课外阅读的结合策略研究	查建华	重庆市教育科学总课题组	2016.06	否
	5. 远程教育班班通小学语文课堂教学中的方法与作用的研究	何奇勇	重庆市涪陵区教育科学研究所规划办	2012.02	是
	6. 远程教育班班通在小学语文学科中"优化课后拓展"的方法与实践研究	何奇勇	重庆市涪陵区教育科学研究所规划办	2012.02	否
	7. 共度共写共同生活实验研究	黄东	"阅读习惯养成"总课题组	2013.09	结题
	8. 远程教育班班通在构建数学实践教学模式中的方法与作用研究	黄东	涪陵区教育规划办	2012.02	在研
	9. 小学生课外阅读兴趣及策略的研究	夏天	重庆市涪陵区教育科学研究所规划办	2009.01	是
	10. 小学群文读写结合策略研究	夏天	重庆市教育科学总课题组	2016.06	否
	11. 群文阅读中课内阅读与课外阅读的结合策略研究	夏天	重庆市教育科学总课题组	2016.06	否
	12. 小学生综合学科学业质量评价研究	夏天	重庆市教育科学规划办	2014.03	是
	13. 推进学校校本课程建设策略研究	夏天	教育部基础教育课程教材发展中心	2015.03	否
	14. 农村小学留守儿童思想品德教育研究	徐舟	重庆市教育科学规划办	2011.10	
	15. 模拟情景教育的实践研究	徐舟	重庆市教育科学规划办	2010.10	否
	16. 小学生课外阅读兴趣及策略的研究	郑仁福	全国小语会	2010.12	否
	17. 农村留守小学生自主学习习惯培养研究	田厚绪	涪陵区教育规划办	2016.09	否
	18. 群文阅读中课内阅读和课外阅读的结合策略研究	田厚绪	重庆市教育科学规划办	2013.10	否
论文专著	论文题目	作者	刊物名称或交流活动	发表时间	刊物级别
	1. 区域性教育中心建设的浅想与探究	查建华	《中国名优校长治校之道》	2016.08	国家级
	2. 创新体制机制,深入推进办学模式改革——学校领导、教师交流轮岗制	何奇勇	区级交流	2016.03	区级

续表

	论文题目	作 者	刊物名称或交流活动	发表时间	刊物级别
论文专著	3. 浅谈科学课教学中学生动手操作能力的培养	何奇勇	区级交流	2016.03	区级
	4. 小学语文阅读教学中的开放性与学生创新能力的培养	夏天	区级交流	2015.06	区级
	5. 小学语文课堂高效操作策略	夏天	区级交流	2016.07	区级
	6. 农村学校校园足球开展探析	蒋其宏	区级交流	2016.09	区级
	7. 如何加强小学生终身体育意识的培养	蒋其宏	区级交流	2015.11	区级
	8. 欲筑高楼先备料——谈小学语文作文教学的过程指导	黄东	课外语文	2016.04	国家级
	9. "城中村"与"乡下村"对比下的办学思考	徐舟	学周刊	2015.04	国家级
	10. 浅谈如何引导孩子用心读书	徐舟	课程教育研究	2015.03	国家级
	11. 体育与健康高效课堂的打造	郑仁福	区级交流	2013.05	区级
	12. 现代学校管理创新与校长专业发展	郑仁福	区级交流	2013.05	区级
	13. 美国教育信息化案例之中学教育模式的创新	周杰	国际交流	2016.11	国家级
	14. 学习先进经验，提升办学品质	周杰	国际交流	2016.11	国家级
	获奖（荣誉）名称及等次	获奖者	颁发单位	获奖时间	获奖级别
获奖和荣誉	1. 涪陵区优秀教育工作者	查建华	涪陵区委、区政府	2016.09	区级
	2. 涪陵区2015-2016年度"阅读点灯、照亮前程"先进个人	查建华	区教科所	2016.10	区级
	3. 论文《小学语文课堂高效操作策略》获一等奖	夏天	区教科所	2016.11	区级
	4. 2014-2015年度教育科研先进个人	夏天	区教科所	2016.03	区级
	5. 2015年度学校"优秀党员"	夏天	实验小学	2016.07	校级
	6. 2015年度"优秀党员"	田厚绪	大顺教管中心	2016.06	校级
	7. 2016年度"五好文明家庭"	田厚绪	大顺教管中心	2016.03	校级
	8. 小学数学"启、探、用"课堂教学模式研究二等奖	周杰	重庆教育学会	2016.11	市级
	9. 重庆市中小学生安全知识网络竞赛"优秀校长奖"	周杰	重庆市教委	2015.12	市级
	10.《中小学生阅读习惯养成教育实践研究》课题优秀个人	夏天	"阅读习惯养成"总课题组	2016.07	国家级

续表

	获奖（荣誉）名称及等次	获奖者	颁发单位	获奖时间	获奖级别
获奖和荣誉	11. 涪陵区 2015—2016 年度"阅读点灯、照亮前程"先进个人	郑仁福	区教科所	2016.10	区级
	12. 2015—2016 学年度教育工作优秀校长	郑仁福	同乐乡委员会、同乐乡政府	2016.09	乡级
	13. 2015—2016 学年度教育工作优秀教师	徐舟	蔺市镇人民政府	2016.09	乡级
	14. 2015 年事业单位工作人员年度考核优秀	徐舟	机关事业单位工作人员考核委员会	2016.06	区级
	15. 第十七届"幼苗杯"国际象棋冠军赛优秀教练员	蒋其宏	区文化委、区教委	2016.11	区级
	16. 第九届中小学生田径运动会优秀领队	蒋其宏	区教委、区文化委	2016.11	区级
	17. 2016 年重庆涪陵区校园足球联赛优秀领队	蒋其宏	区教委、区文化委	2016.05	区级
	18. 做课《走进页岩气田——焦石坝》获一等奖	何其勇	区教科所	2016.12	区级
	19. 第十六届中小学生乒乓球比赛优秀辅导员	何其勇	区教委、区文化委	2016.11	区级
	信息题目	撰稿人	刊发载体	刊发时间	
宣传报道	1. 查建华名校长工作室召开 2016 年工作会	蒋其宏	实小快讯	2016.03.11	
	2. 查建华名校长工作室在清溪召开研讨会	易德东	清溪教育信息	2016.06.24	
	3. 夏校长到义和中心校作讲座	蒋其宏	实小快讯	2016.09.21	
	4. 查建华名校长工作室到蔺市中心校指导工作	徐舟	蔺市教育信息	2016.10.12	
	5. 送课下乡，互助成长	蒋其宏	实小快讯	2016.10.19	
	6. 查建华名校长工作室到义和镇中心校指导工作	王小松	义和教育信息	2016.10.28	
	7.《化腐朽为神奇》——查建华名校长工作室赴马武镇中心校开展培训指导活动	陈森	马武教育信息	2016.11.12	
	8. 查建华校长到荔枝希望小学指导工作	周杰	启导教育简报	2016.11.18	
	9. 涪陵实验小学与焦石镇中心校开展联合教研活动	何奇勇	焦石教育信息	2016.11.27	
	10.《聚焦"互联网+背景下的学校管理"》——查建华名校长工作室举行专题论坛	蒋其宏	实小快讯	2016.12.20	
	工作室网页（博客）网址：http://blog.sina.com.cn/zjh7077				